HISTOIRE

DE LA

CORPORATION DES ORFÉVRES

FRANÇAIS

F. Aureau. — Imprimerie de Lagny.

PREMIÈRE PARTIE

HISTOIRE

DE LA

CORPORATION

DES

ORFÉVRES FRANÇAIS

SUIVIE DE LA

COSMOGONIE SOCIALE

PAR

J.-P. MAZAROZ

PARIS

E. DENTU, ÉDITEUR

LIBRAIRIE DE LA SOCIÉTÉ DES GENS DE LETTRES

PALAIS-ROYAL, 17 ET 19, GALERIE D'ORLÉANS

1875

TABLE DES MATIÈRES

DE L'HISTOIRE DE LA CORPORATION DES ORFÉVRES FRANÇAIS

HISTOIRE

DE LA

CORPORATION DES ORFÉVRES FRANÇAIS

Atelier d'orfèvre au XVIᵉ siècle

INTRODUCTION DU TOME II

A Messieurs les membres du Conseil des Chambres syndicales ouvrières de la ville de Paris

MESSIEURS,

Je prends la liberté d'offrir à votre Chambre un exemplaire du premier volume d'un ouvrage que je viens de publier dans l'intérêt du principe de l'association professionnelle, dont les ouvriers de votre industrie semblent tenter la réorganisation en se formant en chambre syndicale.

MESSIEURS,

La pensée que vous avez eue, vous et vos collègues, de vous former en syndicat est en tout point excellente.

Cette idée, inspirée par l'esprit de concorde, est celle qui a présidé à l'établissement de toutes les sociétés humaines.

En effet, l'association de tous les éléments du travail et des intérêts qui s'y rattachent, par le système syndical que vous avez si bien employé, est destinée à exclure petit à petit les causes de guerre et de discorde que la bataille générale de tous les intérêts privés suscite parmi les hommes.

Le nombre des conflits entre les intérêts privés est décuplé par le système diviseur et isolateur, appelé l'*individualisme*, sous lequel nous vivons depuis plus de trois quarts de siècle.

Le progrès du travail, ainsi que celui de tous les travailleurs, a été interrompu violemment, au profit de la spéculation et de l'exploitation souvent déloyale de tous les produits, par l'abolition de l'association professionnelle.

Cette abolition qui a créé dans l'industrie française le prolétariat, inconnu précédemment, a été entreprise le 12 mars 1776, et consommée d'une façon définitive en 1791.

L'organisation légale du travail par les corps d'arts et métiers associés avait duré près de six siècles ; les secours mutuels de toute nature, séculairement établis au milieu d'eux, avaient rendu impossible pour tous leurs membres la misère et pourvu à tous les besoins de la vie.

Leurs Universités professionnelles faisaient des savants spéciaux de tous leurs ouvriers.

En un mot, ces associations ont été les causes principales et fondamentales de la grandeur, de la richesse et de la force de la France : elles ont fait sortir du peuple une riche bourgeoisie qui n'existait pas auparavant ; elles ont donné une valeur considérable au sol de toute la France, lequel n'en avait, pour ainsi dire, aucune avant leur établissement ; enfin, elles représentaient l'émancipation par le travail, car elles étaient bien réellement *le seul et unique privilége* des travailleurs français.

Du patron à l'ouvrier, depuis l'apprenti jusqu'au grand industriel et commerçant, tout le monde est intéressé au rétablissement des droits d'association et de réunion professionnels, qui contiennent à eux seuls et à l'exclusion de tout autre principe, la solution du grand problème social, lequel consiste à concilier équitablement tous les droits du capital avec ceux du travail.

Ce problème étant résolu, la paix publique sera à tout jamais établie, et les garanties contre tous les risques de la vie seront assurées complétement par de minimes cotisations.

Les inquiétudes et les larmes seront ainsi à jamais bannies du foyer du travailleur laborieux.

Alors, et seulement alors, par la marche lente mais sûre du travail et de tous ses intérêts, organisés librement par le suffrage universel, tous les hommes, la main dans la main, se dirigeront résolûment et avec ensemble vers la partie cristallisée du but de toutes les tendances humaines.

Cette cristallisation du progrès indéfini, c'est l'indépendance proportionnelle de tous, acquise par l'héritage, le travail ou les mérites de chacun.

Comme vous le voyez, Messieurs, la pensée de concorde qui a dirigé la formation de vos réunions a été l'étude et la préoccupation de toute ma vie de labeurs.

Malheureusement, vos associations, de même que celles des chambres syndicales du commerce et de l'industrie, ne sont encore que tolérées, car la France est toujours sous l'influence des lois restrictives édictées par les Constituants de 1791.

En effet, ces hommes politiques ont préféré organiser, sur les ruines de l'ancien régime, la puissance éphémère de quelques citoyens, plutôt que de développer celle de tous, que contenait le principe de l'association professionnelle qu'ils ont abolie.

Ayant été longtemps ouvrier, étant depuis longtemps patron, j'ai peut-être pu juger un peu mieux que d'autres les situations résultant de ces deux intérêts opposés. Dans tous les cas, ces positions m'ont donné la profonde conviction que, seule au milieu de toutes les autres combinaisons sociales, l'organisation du travail est favorable à l'avenir, au bien-être et aux intérêts multiples de tous les hommes, quels que soient du reste leur position de fortune, leur profession ou le lieu de leur habitation.

Vous savez, Messieurs, que le travail est le seul rédempteur de l'humanité; c'est encore le transformateur de toutes choses au profit des besoins de tous les citoyens.

Sans le travail, rien de ce qui constitue la fortune publique ou privée n'aurait de valeur; le travail enrichit tout, il a même le don de produire ce grand bienfait en instruisant, en moralisant et en grandissant ceux qui ont la vertu de le cultiver et de le protéger.

Ces résultats bienfaisants du travail étant indiscutables, pourquoi donc laisser au hasard les règlements de cet émancipateur universel?

Pourquoi ne pas aider au développement de tous les bienfaits qu'il peut produire, en l'organisant sur les larges bases des lois naturelles?

Ces bases naturelles, je viens de les nommer plus haut; c'est l'association générale du travail et de tous les intérêts, organisés par le suffrage universel, avec la liberté d'y entrer et d'en sortir à volonté motivée.

Toutes les justes revendications sociales sont contenues et justifiées par ces principes qui représentent le véritable développement des traditions populaires de la France, ainsi que le seul héritage de tous ses travailleurs laborieux.

Ces pensées, Messieurs, sont celles que j'ai émises dans le livre dont j'ai l'honneur de vous faire hommage; voilà pourquoi j'ai intitulé cet ouvrage : LA REVANCHE DE LA FRANCE PAR LE TRAVAIL.

Quand les chambres syndicales des ouvriers de la ville de Paris seront réunies à celles des patrons, la réorganisation du travail se fera dans la capitale et sera bien près de se faire dans toute la France.

Le grand honneur de cette solution si désirable reviendra aux réunions ouvrières, qui tentent depuis déjà longtemps, avec une louable persistance, la formation de commissions mixtes destinées à concilier les différends entre patrons et ouvriers.

J'apprends à l'instant que les efforts des ouvriers parisiens viennent d'être en partie couronnés de succès, car les patrons des chambres syndicales du bronze, de la papeterie et autres, viennent d'accepter la formation de commissions mixtes proposées par les chambres syndicales des ouvriers de leurs professions.

Le principe de la conciliation ainsi accepté d'une façon générale de part et d'autre sur le pied de l'égalité, c'est le début; tout le reste viendra facilement ensuite.

C'est avec ces sentiments que je vous prie d'agréer, Messieurs, mes sympathiques et fraternelles salutations.

Octobre 1874.

CONSTITUANTS DE LA RÉVOLUTION

PREMIÈRE PARTIE

HISTOIRE DE LA CORPORATION DES ORFÉVRES FRANÇAIS

Plombs de la corporation des orfévres de Paris

> La Mutualité n'a pas d'autre moyen
> pour se produire que celui qui découle de la
> conciliation et de l'organisation équitable
> de tous les Intérèts, lesquels réunissent
> ou divisent tour à tour les hommes.

L'organisation sociale physiocratique n'a pu s'établir, en France, qu'après avoir réussi à détruire l'organisation six fois séculaire des familles du travail.

Mais avant de commencer la critique des bases de ce système de société, il nous paraît utile de faire connaître dans tous ses détails l'histoire d'une des anciennes corporations qui ont tant concouru à la gloire, à la force et à la fortune de la France.

Malgré tous leurs services indéniables et pour prouver la supériorité absolue du principe de l'Association professionnelle sur toutes les autres combinaisons sociales; je viens dire :

Les anciennes corporations des arts et métiers de la Nationalité française ne représentaient LES RESPLENDISSANTES FAMILLES PROFESSIONNELLES DE L'AVENIR qu'à l'état rudimentaire et absolument primitif.

Nous avons choisi pour cette première étude la corporation des orfévres, car c'est elle qui nous paraît résumer le mieux l'art et l'industrie que le peuple français a toujours si heureusement su réunir dans tous les produits de son travail.

En outre, l'ancienneté de cette corporation, les travaux qu'elle a constamment exécutés au sujet de toutes les phases de l'histoire de France, nous paraît lui donner un caractère bien franchement national.

I

HISTOIRE DE LA CORPORATION DES ORFÉVRES SOUS L'EMPIRE ROMAIN.

Orfévre signifie artisan en or. Le mot est formé d'un vieux mot français Févre ou Fabre, qui vient lui-même du latin *Faber* et du mot or. Les orfévres formaient à Rome, sous le nom *d'aurificos*, une corporation, qui éleva dans le Vélabrum, un arc de triomphe en l'honneur de Septime Sevère. Par diverses inscriptions romaines subsistant encore, on peut se convaincre, que les empereurs et les impératrices avaient des orfévres attachés à leur personne. Les orfévres romains avaient eu pour maîtres des artistes grecs, ce qui explique la grande perfection de leurs travaux.

Sous le paganisme, comme dans les premiers temps de l'ère chrétienne, l'orfévrerie avait une double destination, elle servait à l'ornement des temples et aux recherches de la parure des personnes ; ce qui constituait pour cet art, deux branches parfaitement distinctes.

La famille des orfévres comprenait encore plusieurs groupes, avec des travaux et des ouvriers distincts. Les monnayeurs qui ne s'occupaient que de la fabrication des monnaies, les fabricants d'anneaux et de bracelets, les armuriers qui forgeaient les casques, les boucliers et les revêtaient d'or, les artistes qui ciselaient les vases destinés au culte, ceux qui décoraient les nombreux objets servant aux usages de la vie civile formaient autant de groupes séparés, on doit y ajouter encore les joailliers, qui ne fabriquaient que les bijoux destinés à parer les personnes.

ORFÉVRERIE DANS LES GAULES.

Les premiers essais d'orfévrerie dans les Gaules furent défectueux. Le type des monnaies était grossier et confus, les couronnes, les bracelets, les colliers, les agrafes, étaient aussi minces que mal façonnés. Cependant les bijoux destinés aux femmes présentaient des formes plus gracieuses.

Au IVe siècle, les orfévres remplirent les églises d'œuvres, qui n'avaient de remarquable que leur poids et leur matière.

Sous le règne de Constantin, la corporation des orfévres établie à Bysance, multiplia les œuvres d'un caractère purement religieux, que la munificence impériale destinait aux églises.

LES ORFÉVRES DE LIMOGES.

Dès cette époque, il existait à Limoges, une véritable corporation d'orfévres et les produits de leur art pouvaient rivaliser avec ceux qui sortaient des mains des orfévres de Bysance. La matière première, si bien mise en œuvre, provenait des montagnes d'Auvergne et du Limousin. Les ouvriers orfévres de Limoges furent bientôt célèbres dans tout l'Occident. Et c'est à leur sujet, que saint Jean Chrysostome s'écria dans une homélie, que toute l'admiration des hommes était réservée pour les orfévres. On fabriquait à Limoges non-seulement de l'orfévrerie religieuse, mais encore de l'orfévrerie civile. Des ateliers de cette ville sortirent les trois cents bassins d'or, que le roi Ataulphe donna à sa fiancée Placide, et bien d'autres merveilles. Nous trouvons aussi, à cette époque, une corporation d'orfévres à Paris.

ORFÉVRERIE RELIGIEUSE.

Les dons de toute sorte, fruits souvent de la rapine et de la violence, ne tardèrent pas à affluer dans les églises. Les évêques adoptèrent bientôt les somptueux ornements qui les couvrent encore aujoud'hui. Leur crosse fut d'or, ainsi que leur mitre et leur anneau pastoral. On fit de somptueux reliquaires ou châsses, pour recevoir les ossements des saints. Mais, malgré tout, il resta peu de chose de ces œuvres. Dans son testament, l'évêque de Tours

Perpetuus, parle d'un orfévre du nom de Mabuinus. Les
objets trouvés dans le tombeau de Childéric, et qui figu-
rèrent jadis au musée des souverains, sont contemporains
de cette époque , ainsi que le vase d'or trouvé à Gourdon,
en 1846.

II

CHILPÉRIC, DAGOBERT, PROTECTEURS DES CORPORATIONS D'ORFÉVRES. — SAINT ÉLOI.

Chilpéric et sa femme Brunehaut se montrèrent
grands protecteurs des corporations d'orfévres , qui vivaient pour ainsi dire, dans la familiarité des rois. Le
plus grand des orfévres de cette époque, Éloi, avant de devenir leur patron, fut ministre de Dagobert Ier. Le futur
évêque était né en 588 à Calac, en Limousin. Ayant terminé son apprentissage, il se rendit en Neustrie, où il fut
protégé par le trésorier du roi, Bobbon. Présenté au roi
Clotaire, Éloi reçut l'ordre de fabriquer pour lui un siége,
on sait qu'il en fit deux, sans employer plus de matière
que celle qui lui avait été confiée pour un. Tant de probité
lui valut la confiance du roi et les commandes de la cour.
Monté sur le trône, Dagobert Ier continua sa faveur à l'orfévre de son père. Éloi vivait en saint, tout en travaillant
comme un artiste, et des merveilles sortaient sans cesse
de ses mains habiles; quant aux bénéfices de son travail,
les pauvres en avaient la plus grande part.

LE COUVENT DE SOLEMNIAC. — LES COUVENTS ATELIERS DE PARIS. — LA CULTURE SAINT ÉLOI. — LE QUARTIER DES ORFÉVRES, LA CAVATERIE.

En 631, Dagobert donna à son orfévre, non loin de Limoges, un domaine nommé Solemniac, pour y construire un monastère et, parmi les obligations que la règle imposait aux religieux, ils durent se livrer à la fabrication de l'orfévrerie sacrée. Ne s'en tenant pas là, et de plus en plus épris de son art, l'orfévre favori, fit édifier un second couvent, dans la cité, à deux pas de son atelier. Ce couvent, placé sous l'invocation des saints Martial et Valère, fut peuplé par trois cents religieuses de l'ordre de Saint-Benoît; et eut pour abbesse sainte Aure, la célèbre hébraïsante. La nouvelle communauté dût s'occuper de l'orfévrerie sur tissus. Éloi édifia encore, hors de la cité, l'église de Saint-Paul-des-Champs, et en fit comme le centre d'ateliers d'orfévrerie, qui finirent par former un bourg, connu sous le nom de culture Saint-Éloi. La maison de saint Éloi fut bientôt connue, dans le peuple, sous le nom de maison au Févre; il fit construire non loin un four banal. Peu de temps après, saint Martial, qui devait être le premier patron des orfévres, fit un miracle.

Un violent incendie venait de détruire une partie de la cité, l'église consacrée au saint allait être atteinte par les flammes, lorsqu'à la prière de Martial, le vent changea de direction, ce qui préserva les édifices. La rue que les orfévres occupèrent jusqu'au XII° siècle, était connue sous le nom de Cavaterive, Chevaterie, Cavaterie, corruption, paraît-il, d'orfévrerie. On désignait également sous le nom de Cavatores, les ouvriers ciseleurs, et les graveurs en pierres précieuses. Cependant Éloi continuait à enrichir les églises de France de ses innombrables travaux, son art décorait les tombeaux de saint Martin de Tours et de saint Denis. L'orfévre devint bientôt le conseiller, l'ami, le ministre du roi. La gaieté populaire associa les noms du roi et du sujet dans une chanson burlesque.

Ce ne fut qu'après la mort du prince que le saint entra dans les ordres et remplaça par des austérités tout le luxe dans lequel il s'était tant complu. Il devint alors évêque de Noyon et fut la providence des pauvres. Il mourut en 659 et fut enseveli près de Soissons, dans le monastère de Saint-Loup. A peine mort, il fut reconnu comme le patron des orfévres, et les rois se complurent à orner son tombeau de riches offrandes. Mais, de toute cette orfévrerie fort somptueuse et magnifique, il ne devait rester que fort peu de chose : un fauteuil en fer ciselé, sorti, dit-on, des mains de saint Éloi, tient lieu du fameux siége d'or ; et des autres ouvrages du ministre de Dagobert, si admirables et si nombreux, disent les chroniqueurs, on ne peut retrouver aucune trace.

III

CORPORATIONS DE METZ ET D'ARRAS. — GENTILLY.

A côté de la fabrique de Paris, où l'on faisait des statues d'or ou d'argent, il faut citer encore celle de Metz, remarquable par le fini et la délicatesse de ses ciselures ; celle d'Arras, où on ouvrait d'or filé des étoffes de soie, comme dans le couvent de madame Sainte-Aure. Le village de Gentilly relevait de ce monastère, et l'on prétend que saint Éloi le peupla d'orfévres étrangers convertis par ses prédications. Comme monétaire, saint Éloi laissa de précieux échantillons de son talent, consistant en cinq monnaies ou tiers de sol d'or.

LES ORFÉVRES SOUS CHARLEMAGNE. — DÉCADENCE PRÉMATURÉE.

Sous le règne de Charlemagne, l'orfévrerie, avec les habitudes de magnificence de l'empereur, dut être en pleine prospérité, et pourtant on ne retrouva rien de ces objets d'art, presque tous fabriqués en France, qui firent l'ornement des résidences impériales. Les guerres de religion du xvi° siècle ne contribuèrent pas peu à la destruction des monuments de l'orfévrerie de cette époque, ainsi que de celles qui la suivirent.

L'empereur possédait trois tables d'argent et une d'or, qui firent l'admiration des contemporains. En 1166, on dépouilla son tombeau de ses ornements d'or ; il n'en reste plus rien aujourd'hui, si ce n'est le diadème du trésor impérial de Vienne et l'épée qui se voit au Louvre.

Nous ne pouvons juger de l'orfévrerie du ix° siècle que par de trop rares échantillons. Après le grand empereur, l'orfévrerie française parut tomber en décadence, malgré les magnifiques ouvrages commandés par les évêques. Les métaux précieux deviennent rares, on ne travaille plus que l'argent, le cuivre et l'étain ; les ouvriers, découragés sans doute, ne tardent pas à devenir moins habiles, et leurs ouvrages dénoncent un faire lourd et grossier. On martèle quelques minces plaques de métal et on ne fond plus ni or ni argent.

BERNELINUS ET BERNUINUS, CÉLÈBRES ORFÉVRES.

Les terreurs de l'an 1000, les dons pieux qui en sont la suite, rendent quelque vigueur à une industrie sur le point d'expirer. C'est le moment où l'évêque Sevin, d'Auxerre, fait fabriquer un autel d'or, et deux chanoines de Sens, Bernelinus et Bernuinus, travaillent, dit-on, à son exécution. Louis XV fit fondre ce chef-d'œuvre en en 1760 pour subvenir aux frais d'une guerre.

ODORAM.

Avec le roi Robert, les arts de l'orfévrerie paraissent en pleine résurrection. Un moine du nom d'Odoram semble présider, à cette époque, aux corporations d'orfévres. Sous la direction de cet artiste habile, on exécute de nombreuses châsses d'or et d'argent, semées de pierreries.

CARACTÈRE DE L'ORFÉVRERIE.

Le caractère dominant des œuvres des orfévres à cette époque est l'imitation constante des œuvres architecturales ; pour renfermer les reliques d'un saint, l'artiste fabriquera volontiers une réduction de cathédrale gothique en argent ou en or, presque semblable dans ses détails à la merveilleuse cathédrale de pierre qu'il a à chaque instant sous les yeux.

LE MOINE THÉOPHILE ET SON TRAITÉ.

Un célèbre moine, du nom de Théophile, fit paraître vers ce moment un traité sur l'orfévrerie, lequel semble un résumé de tous les principes de cet art; ce moine, savant entre tous et dont on ne connaît pas au juste la patrie, traite également dans son livre des arts du calligraphe et du verrier.

Ce traité de Théophile, pour ce qui concerne l'orfévrerie religieuse, se compose de soixante-dix-neuf chapitres, qui présentent tous un très-grand intérêt. L'auteur y décrit la fabrique, qu'il demande large et spacieuse, bien exposée au midi. On réservera, pour la fusion et pour les ouvrages de cuivre, d'étain et de plomb, la moitié de l'édifice; l'autre moitié, séparée en deux, servira pour les ouvriers qui travaillent l'or et ceux qui façonnent l'argent. La fabrique construite devra être pourvue d'un fourneau d'argile et de tous les outils nécessaires à la fabrication : enclumes, marteaux, tenailles, filières, organorium ou emporte-pièce, limes, fers à creuser, à racler, à graver, à couper, et enfin de moules. Le moine enseigne la fabrication des creusets, l'emploi du nielle, la cuisson de l'or, la façon de le moudre et de le polir. Il énumère les différents ors, l'or d'Arabie, l'or d'Hevilath ou oriental, l'or espagnol et l'or de sable. Cette partie se complique de fables et de superstitions.

Le moine écrivain entre ensuite dans de nombreux

détails sur les principaux objets servant au culte : le calice, la burette, l'encensoir ; il traite de la soudure de l'or,
de la pose des pierres, du repoussé, du niellage, de la
fabrication des chaînes, etc. Passant ensuite à l'orfévrerie
laïque, il énumère les vases d'or et d'argent, les coupes,
les couteaux, les cassolettes et même la reliure des
livres, etc.

IV

SÉPARATION DE L'ORFÉVRERIE RELIGIEUSE ET LAÏQUE.

Au XIe siècle seulement, l'orfévrerie laïque devient
tout à fait distincte de l'orfévrerie religieuse ; elle ne
devient un corps de métier qu'à cette époque.

Au XVe siècle, d'après Jean de Garlande, les orfévres
laïques réunis en communauté étaient nombreux, habiles et assez pauvres.

LE LIVRE DE GARLANDE. — LES MONÉTAIRES. — LES FERMAIL-
LEURS. — LES CIPHARII (HANAPIERS). — LES ORFÉVRES.

D'après Garlande, qui fut un savant grammairien, les
orfévres laïques ne pouvaient se livrer à leurs travaux
que pour le compte de grands personnages.

On divisait en quatre classes les ouvriers orfévres : les monétaires, les fermailleurs, les fabricants de hanaps et les orfévres-joailliers proprement dits.

Voici ce que Garlande dit au sujet de chacune de ces classes :

« 1° Les monétaires qui fabriquent les monnaies semblent riches, mais ils ne le sont pas ; les deniers qu'ils fabriquent ne sont point à eux, on envoie ces deniers au pont au Change pour qu'ils soient changés par les banquiers et les lombards qui spéculent sur les espèces monnayées.

« 2° Les fermailleurs offrent des fermoirs grands et petits de plomb, d'étain, de fer, de cuivre ; ils font aussi de beaux colliers et des grelots sonores.

« 3° Les artisans qu'on nomme cipharii (hanapiers) décorent les vases de lames d'or et d'argent, et montent les coupes sur des pieds ; ils les entourent de cercles pour les rendre plus belles, plus solides et plus durables.

« 4° Les orfévres se tiennent assis devant leurs fourneaux et leurs tables sur le Grand-Pont ; ils fabriquent des hanaps, des fermails, des colliers, des épingles, des agrafes ; ils préparent pour les anneaux des turquoises, des rubis, des saphirs et des émeraudes. Le métier de ces orfévres consiste à battre, avec des petits marteaux, sur l'enclume, des lames d'or et d'argent, et à enchâsser les pierres précieuses dans les chatons des bagues à l'usage des barons et des nobles dames. »

Dans cette nomenclature, il n'est pas question des émailleurs qui ne furent confondus avec les orfévres qu'au temps de saint Éloi. L'émaillerie florissait à Limoges au xiie siècle. Parmi les artistes célèbres en cet art, on cite un Wilhems, qui décora la crosse de Ragonfroi, évêque de Chartres.

LES ORFÉVRES AU GRAND-PONT.

Les orfévres de Paris eurent au xve siècle, leurs forges , boutiques ou fenêtres sur le Grand-Pont ou pont au Change, qu'ils occupaient avec les changeurs. De grandes rivalités divisaient ces deux corps d'état. Au xie siècle, ce pont ne rapportait au roi que vingt sous, de redevance annuelle. Les bourreliers qui prétendirent s'y établir furent repoussés, et les deux corporations rivales, changeurs et orfévres, s'établirent de chaque côté du pont. Il fut défendu aux uns comme aux autres, sous peine d'amende, d'empiéter sur leur commerce. La rue de la Cavaterie, l'ancien quartier des orfévres, était occupée par la corporation des savetiers, et saint Éloi disputait à saint Martial le patronat des orfévres.

SAINT ÉLOI, PATRON DE LA CORPORATION.

Le corps du saint avait été transporté de l'église de Saint-Loup dans la cathédrale de Noyon, diverses églises se partagèrent ses reliques. Saint-Sauveur de Bruges eut deux bras, et de la poussière de ses habits; Saint-Pierre de Douai vénéra un fragment de bras, dans un reliquaire d'argent de cette forme, semé de fleurs-de-lis ; Saint-Martin de Tournay, la chartreuse de Réthol, Saint-Wast d'Arras, Chelles, possédèrent quelques débris. Saint-Éloi, près Noyon, montra des cheveux et de la barbe du saint, dans une boîte de cristal à huit pans ; sa mitre et ses habits furent également conservés dans l'abbaye, elle en céda pourtant une partie aux cathédrales de Noyon et de Paris.

V

FÊTES DE LA CORPORATION.

Les orfévres avaient deux grandes fêtes en l'honneur de leur saint patron. La Saint-Éloi se célébrait le 1er décembre, et la fête de la translation de son corps avait lieu le 25 juin. On les célébra en grande pompe dès le xie siècle, et les offices en furent écrits en latin, par saint Ouen, ami de l'évêque de Noyon. Les hymnes pour les vêpres, matines et laudes, étaient des plus remarquables.

OFFICE DE SAINT ÉLOI ET LA CHANSON.

PREMIÈRE HYMNE

Divum patrem Eligium,
Electum Dei gratiâ,
Mundo reddit eximium
Meritorum insignia.

Oriundus Lemovicis,
Agens fabricæ studium,
Omnem vicit aurificis
Sculpturam et ingenium.

Notre saint père Éloi, choisi par la grâce de Dieu, offre au monde l'exemple de ses insignes vertus.

Né à Limoges, se livrant à la pratique de son métier, il dépasse tout orfévre par son talent et son génie.

Hic in arte mirificâ
Fabrum contemplans omnium
Rerum videt in fabricâ
Trinitatis vestigium.

Eloi, dans un art admirable, contemplant l'auteur de toutes choses, retrouve dans son art même la trace de la Trinité.

Opus naturæ superat
Per artis pulchritudinem :
In utrâque considerat
Speciem, modum, ordinem.

Par la beauté de son art, il surpasse l'œuvre de la nature, et considère, dans l'un et l'autre, la forme, la méthode, l'ordre.

Lemovicorum civitas
Tanto fulget aurifice;
Noviomorum dignitas
Tanti pastoris apice.

La cité de Limoges brille d'un si grand orfèvre, et la cité de Noyon d'un si grand évêque.

Dum vas regi Clothario
Ex auri massâ fabricat,
Aurum in fabri studio
Summus faber multiplicat.

Tandis qu'il fabrique avec de l'or un vase pour le roi Clotaire, l'orfévre céleste, en sa faveur, multiplie le métal.

Faber et fabri filius,
Fabrum creans Eligium,
Nobis adsit propitius
Per hujus fabri studium.
    Amen.

Que l'orfévre divin et son fils, qui ont créé l'orfèvre Eloi, nous soient favorables par la protection de cet orfèvre.
Ainsi soit-il.

DEUXIÈME HYMNE

De fabri ministerio
Assumptus in pontificem,
Pastoris in officio
Renovavit aurificem.

D'ouvrier devenu évêque, Eloi, dans sa dignité de pasteur, a fait de l'orfévre un homme nouveau.

Verbo potens in opere,
Christi servire nomini
Novo vasorum genere
Exornat templum Domini.

Puissant dans les œuvres de la parole, glorifiant le nom de Dieu, il a orné le temple du Seigneur d'un nouveau genre de vases.

Manum misit ad malleum,
Verbum exemplis astruens,
Sic vas format idoneum
Verbum vitâ non destruens.

Il prend en main le marteau ; sa parole est conforme à ses exemples, et il a formé ainsi un vase glorieux, en ne détruisant pas sa parole par sa vie.

Malleus verbi ratio, Tymax zeli constantia, Tollis est respiratio, Incus obedientia.	Son marteau est la force de sa parole, son fourneau la persévérance de son zèle, son soufflet est l'inspiration divine, son enclume l'obéissance.
Sic faber in pontificem, In montem crevit atomus. Lemovices aurificem, Patrem jactat Noviomus.	Ainsi l'ouvrier devient évêque, l'atôme montagne. Limoges célèbre l'orfèvre, et Noyon le père.

Les deux hymnes sont du xiie siècle, la chanson suivante de Sébastien Rouillard du xvie :

Faudroit une lyre dorée
Qui eust sa tablette azurée,
Sur icelle des fils d'argent,
Son dos couvert d'orfavrerie,
Chaque cheville en pierrerie,
Et l'archet de même entregent ;

O Sainct Eloy, prélat insigne !
Pour te chanter un los condigne
Aux mérites de tes vertus :
Toi, dont l'Eglise a tant de gages,
Et qui admires tes ouvrages
D'or et de perles revestus.

Soubs Dagobert fut ta naissance ;
Ton premier art eut la puissance
Sur les plus riches des métaux ;
Après tes châsses et tes lames,
Tu vins à régner sur les âmes
Des plus nobles des animaux.

Plus tard, le nommé Sébastien Rouillard crut devoir ajouter à l'office une hymne française, qui n'eut d'autres succès que de donner peut-être naissance à la chanson burlesque sur saint Éloi.

VI

APPRENTISSAGES.

Avant de poursuivre l'histoire de la corporation des orfévres, il n'est peut-être pas sans intérêt d'examiner, quels pouvaient être les rapports d'ouvriers à maîtres, et d'apprentis à patrons. « Le contrat d'apprentissage, dit M. Levasseur, n'était pas abandonné au caprice des parties contractantes, ce n'était pas une simple convention qui livrait l'enfant sans garantie à l'arbitraire du maître, une vaine formalité par laquelle on pouvait acheter le droit d'appartenir à un métier sans l'exercer ; c'était un engagement réciproque, dont les termes étaient, pour ainsi dire, dictés par les statuts, et qui imposaient également au maître et à l'apprenti des devoirs dont ils ne pouvaient, ni l'un ni l'autre, s'affranchir. »

Le nombre des apprentis était déterminé, quelques métiers seulement étaient autorisés à avoir trois apprentis à la fois ; dans les autres, on ne pouvait en avoir que deux et même qu'un.

On déterminait la durée de l'apprentissage pour les métiers où le nombre des apprentis était limité. L'apprentissage était fort long. Il était de trois ans au moins, de sept à huit ans au plus, on demandait même une somme d'argent qui, à Paris, pouvait varier de vingt à cent sous. Les apprentis pouvaient racheter à prix d'argent une partie de leur temps. Les orfévres prenaient leurs apprentis pour huit ans, ils exigeaient que l'apprenti pût gagner cent sous par an et sa nourriture. Les patenôtriers exigeaient six ans et quarante sous.

La rétribution pécuniaire était d'un usage passé en règle. Le petit nombre des apprentis, n'en permettait que mieux au maître de les surveiller et de les instruire. On craignait également de ruiner le métier, en multipliant la concurrence par l'apprentissage ; car c'était admettre un trop grand nombre d'étrangers au partage des bénéfices. Les intérêts particuliers s'effaçaient devant l'intérêt général, qui était celui de la corporation, car en limitant le nombre des apprentis, on empêchait le maître de tirer bénéfice du travail d'un trop grand nombre d'enfants.

On permettait quelquefois à l'apprenti de se racheter et de devenir maître avant que le temps de l'apprentissage fût terminé, mais on défendait à son patron de former un nouvel apprenti, avant que l'époque, fixée par le contrat de l'ancien, fût écoulée. Une exception était faite en faveur des fils de maître ; quel que fût leur nombre, ils avaient tous le droit de devenir maîtres, et la corporation les recevait volontiers. Mais on exige que la femme soit du métier, sans cela, la corporation ne reconnaît pas les enfants, issus d'un mariage légitime, comme les siens. La grande préoccupation des corps d'arts et métiers nous paraît l'exclusion des étrangers.

L'engagement de l'apprenti a lieu devant témoins. Il suffit le plus souvent de deux maîtres pour certains métiers ; dans d'autres, on exige des prud'hommes. Le maître du métier préside souvent à la cérémonie.

L'apprenti se trouve lié par le contrat verbal de sa réception. Il ne peut déposer contre son maître devant les prud'hommes. S'il prend la fuite, on le fait chercher aux frais des parents, et on le ramène de force à l'atelier. Il est défendu de lui donner asile, de le détourner du service de son maître, surtout pour un homme du métier qui s'expose, dans ce cas, aux peines les plus sévères.

A la troisième évasion, l'apprenti fugitif cessait de faire partie de la corporation ; il était défendu à son maître et à tout maître du même métier de le reprendre, pas plus comme apprenti que comme ouvrier. Dans la corporation des drapiers, l'apprenti fugitif devait rembourser au maître tous les frais de son apprentissage; les boîtiers de Paris lui interdisaient même tout autre métier dans la ville, avant d'avoir donné satisfaction au premier maître.

Citons les statuts : « *Il li conviendrait forjurer le mestier, et rendre à son mestre toz los couz et touz les dommages qui li aurait fez, avant que il meist sa main à nul autre mestier en la vile de Paris.* »

Le patron pouvait faire remise à l'apprenti d'une partie de son temps, moyennant une certaine somme, il pouvait également le céder à un autre, mais il ne devait user de ce droit, qu'en cas de maladie, de voyage d'outre-mer, d'abandon de métier ou de pauvreté.

Il se glissa bientôt dans cette coutume des abus, de simples valets s'établissaient maîtres et ne prenaient des apprentis que pour les céder à d'autres maîtres, contre de gros bénéfices ; puis ils redevenaient ouvriers comme auparavant. Une ordonnance de 1294 sembla viser cet abus, en défendant de céder un apprenti, avant de l'avoir gardé un an et un jour. Le maître était tenu de loger, de nourrir et de vêtir son apprenti ; si l'apprenti se mariait et qu'il voulût demeurer à part, il recevait de son maître à cet effet un salaire de quatre deniers par jour.

« *Se aucun aprentis se marie de dens le terme que il a promis à servir son mestre, et il ne vueille mangier au disner ne au souper chiez son mestre, il doit avoir chascun jour ouvrables IIII den. pour se penture.* »—*Reg. des métiers.LXXXIII,* 225.

Le maître devait encore à l'apprenti la connaissance du métier, l'aide dans son travail. Sa surveillance devait être incessante. La corporation des drapiers prit des mesures pour garantir les apprentis, contre la brutalité des maîtres , ainsi que l'indique l'article suivant :

« So li aprentiz s'en va d'entour son mestre par la de faute de son mestre, il ou si ami doivent venir au mestre des toisseranz, et li doivent mostrer, et li mestre aes toiseranz aoit mander li mestre de l'aprentiz devant soi, et lui blamer et lui dire qu'il tiegne l'aprentiz honorablement come fils de preudome, de vestir et de chaucier, de boivre et de menger et de toutes autres choses, denden quinzainne; et s'il ne fait, en querra à l'aprentiz jautre mestre. »

INSTRUCTION GÉNÉRALE ET OBLIGATOIRE.

La corporation des orfévres, de même que toutes les autres, était appelée *Université professionnelle.*

En entrant en apprentissage, l'aspirant devait savoir lire , écrire , compter et avoir l'instruction religieuse ; quand ses connaissances n'étaient pas complètes, l'apprenti, qui ne les possédait dejà, y recevait, en même temps que l'instruction professionnelle, l'instruction appelée aujourd'hui primaire, c'est-à-dire la lecture, l'écriture et les quatre règles du calcul ; en plus l'instruction religieuse faisait partie de l'instruction obligatoire des Universités professionnelles ; l'argent, qui était donné quelquefois en signant le contrat, était souvent destiné à payer ces études obligatoires.

Quelques historiens, à idées préconçues, ont avancé faussement qu'en dehors de l'instruction spéciale à chaque métier, les apprentis des anciennes corporations ne recevaient aucune instruction universitaire.

Cela est absolument faux comme beaucoup d'affirmations intéressées sur ce sujet, lesquelles ont toutes été formulées par des membres de l'école autoritaire, qui a l'individualisme pour principe social et qui défend aux hommes de s'assembler pour protéger leurs intérêts communs.

L'apprenti était, à défaut de fils, le successeur futur du maître, comment est-il donc possible que le maître veuille préparer un ignorant pour lui succéder (1) ?

Poser cette question, c'est la résoudre, sans pour cela avoir besoin d'aucune autre preuve.

Néanmoins, nous désirons en donner une qui ne manque pas d'un certain attrait historique.

Pour répondre aux écrivains physiocratiques qui prétendent que les apprentis des anciennes corporations ne savaient pas même lire, nous prions à ce sujet nos lecteurs de consulter, à la bibliothèque de l'Arsenal, à Paris, un des recueils des chansons et poésies des apprentis des anciens corps d'états et métiers.

Ce recueil que je cite, a pour titre :

Les Misères de ce monde ou complaintes facétieuses sur les apprentissages de différents arts et métiers de la ville et des faubourgs de Paris. Se trouve à Londres et à Paris, chez Caillau, imprimeur-libraire, rue Galandes vis-à-vis la rue du Fouarre. M.DCC.LXXXIII.

Les chansons et poésies de ce recueil représentent sous les formes les plus comiques, toutes les misères vraies ou fausses qu'enduraient ou pouvaient endurer les apprentis des corporations chez leurs maîtres.

Mais l'un de ces apprentis, auteur de la chanson des im-

____

(1) Article IV du titre IV *des statuts et réglement de la corporation des orfévres.* PARTAGE ÉGAL ENTRE LES FILS DE MAITRES ET LES APPRENTIS. Seront les aspirants, fils de maîtres et apprentis, admis à la maîtrise en nombre égal, à commencer par les fils de maîtres.

primeurs, va nous apprendre en fort bons vers, que toutes ces plaintes n'étaient qu'un simple badinage d'esprit.

Pour moi, je n'ai qu'un but en désignant ces recueils de chansons et poésies, c'est celui de démontrer que les apprentis des anciennes corporations étaient assez instruits pour que beaucoup d'entre eux pussent devenir d'assez bon poëtes.

L'auteur, apprenti imprimeur, dont je vais citer quelques vers, se nommait Dufrêne; il a été plus tard le prote du fameux Éverard, imprimeur à Paris.

Voici les derniers vers de la longue satire de l'apprenti Dufrêne contre les patrons imprimeurs de son temps :

On voit qu'il n'est esclave ou forçat de galère
Qui soit dans son malheur plus tourmenté que moi.
Toi, dont le cœur est bon, cher ami, c'est à toi
Que je veux adresser mes douloureuses plaintes.
Dissipe mes soupçons et rassure mes craintes;
A quoi dois-je m'attendre? et que dois-je espérer?
Ma misère doit-elle encor longtemps durer?....
Mais pardonne plutôt si mon esprit s'égare,
Si par un mouvement ridicule et bizarre
Je déteste déjà mon malheureux destin,
Et, trop tôt rebuté, j'en demande la fin.
J'ai le cœur trop enclin à la reconnaissance,
Pour oublier que c'est par pure bienveillance
Que tu m'as conseillé d'embrasser un état,
Qui, tout vide qu'il est, a pourtant de l'éclat.
Car, enfin, si jamais des hommes l'industrie
Parut dans aucun *Art*, c'est dans l'*Imprimerie* :
Tenant comme en dépôt les écrits des savants,
Elle sait les sauver du naufrage des temps,
Et, rendant les auteurs célèbres dans l'histoire,
Elle en fait à jamais subsister la mémoire.
Ami, crois donc que c'est par simple jeu d'esprit
Que j'ai formé le plan de ce comique écrit;
Et que tout autre état plus rude et difficile
A souffrir encor plus me trouverait docile,
Pourvu que dans mon choix j'eusse trouvé le tien
Et que dans mes dégoûts tu fusses mon soutien.

Toute la différence qui existe entre l'élévation morale et matérielle des populations sous le règne des associations professionnelles et celle des populations du règne de l'individualisme, peut se juger et s'apprécier sainement en lisant ces recueils de chansons et poésies des apprentis des anciennes corporations.

Il est bien certain que les apprentis de notre époque n'en ont jamais fait autant, et seront toujours incapables de le faire jusqu'à ce que l'instruction professionnelle soit rétablie.

Si nos apprentis ne sont pas assez instruits pour cela, c'est évidemment parce que l'instruction obligatoire des Universités professionnelles n'existe plus depuis quatre-vingt-cinq ans.

Ce sont ces déplorables résultats qui m'ont fait dire ailleurs, qu'en anéantissant les associations professionnelles, les Constituants de la Révolution avaient décrété, par le fait, l'ignorance des populations françaises de l'avenir.

VII

VALETS OU OUVRIERS DES CORPORATIONS.

L'apprenti, son apprentissage terminé, devenait valet, ce qui lui imposait de nouvelles obligations, mais lui donnait plus de liberté.

Pour être valet à Paris, il fallait prouver, par serment

ou par témoins, qu'on avait été apprenti dans cette ville; si on venait d'ailleurs, on était obligé de produire des certificats ou des répondants, constatant qu'on avait exercé le métier et qu'on avait mené une conduite convenable; on jurait ensuite de se conformer aux us et coutumes du métier.

Les orfévres, parmi lesquels on pouvait faire rentrer jusqu'à un certain point les patenôtriers qui travaillaient comme eux les matières précieuses, exigeaient des valets une déclaration constatant qu'ils étaient libres de tout engagement ultérieur.

« *Se il vient à Paris aucun vallet dehors d'avantene, et il veut ouvrer au metier de patenostrerie de coural, que nus ne nule ne le puisse mettre en euvre ou metier dessus dit se le vallet n'aporte avec soi bone créableté et certaine qu'il ait fait le gré de son mestre de qui il sera partiz, par quoi l'en le puisse mettre seurement en euvre, et qu'il jura cest establissement à garder.* » Règ. des métiers, XXVIII.

Le système physiocratique, qui a tout pris aux corporations, a rétabli cette habitude par la confection des livrets des ouvriers et des militaires, des congés et états de service de ces derniers.

Les fermailleurs exigeaient de leurs ouvriers en général, et des Normands en particulier, avant de les prendre dans leurs ateliers, la preuve qu'ils avaient travaillé au métier huit ou neuf ans.

« *Se aucuns valles ou mestres (fermailleurs ou fabricants de fermoirs) venist à Paris pour ouvrer de ce mestier, de Normendie, ou d'ailleurs, il convensoit qu'il se feist créables pardevant les mestres du mestier qu'il l'eut fet le mestier as us et coustumes de Paris, c'est à savoir qu'il eust servi* VIII *ans ou* IX *avant qu'il ouvrast de ce mestier.* » Règ. des métiers, XLII-95.

La corporation faisait elle-même la police de ses membres, et excluait de son sein les larrons et les meurtriers, on les dénonçait aux prud'hommes, qui en prononçaient l'expulsion.

Les valets avaient un lieu ordinaire de réunion ; ils se tenaient sur une place ou dans la rue, toujours la même ; c'était là que les maîtres venaient les embaucher. Ils demeuraient là jusqu'à ce que la cloche leur eût donné le signal du départ.

Cette habitude s'est perpétuée pour beaucoup d'ouvriers du bâtiment que l'on va toujours embaucher tous les matins près de l'ancienne place de Grève ; c'est du nom de cette place où stationnent tous les ouvriers sans travail qu'est venue la dénomination de grève pour désigner les luttes entre patrons et ouvriers, que ne devait pas manquer d'engendrer le système physiocratique ; on dit des ouvriers quittant leurs ateliers pour faire augmenter leur salaire, qu'ils se mettent en grève.

Avant de prendre un valet, le maître était tenu d'accomplir certaines formalités ; il devait se rendre compte de l'état de sa garde-robe pour savoir s'il aurait chez lui une tenue décente. Dans certains métiers, on exigeait du valet trois et même cinq robes.

« *Que nus mestres ne puisse meitre varlet en œuvre se il n'a cinq soudées de robe sus lui pour leur ouvreueurs tenir noitement, pour nobles genz, contes, barons, chevaliers et autres bonnes genz qui aucune fois descendent en leur ouvrouers.* » *Règ. des métiers,* p. 366, an 1290.

Le nombre des ouvriers n'était pas limité, on en prenait autant qu'il était nécessaire pour le travail ; on s'engageait pour la journée, pour la semaine, pour l'année ; un très-petit nombre était nourri chez les patrons ; les maîtres seuls avaient le droit de prendre à gage des ouvriers de leur métier ; il était interdit aux ouvriers de travailler chez aucun particulier, sauf pour les princes et grands seigneurs, qui en avaient un grand nombre à leur service.

La journée de l'ouvrier commençait à l'heure où ses camarades se rendaient à leur lieu habituel pour se faire embaucher et se terminait au coucher du soleil. Le travail de nuit était obligatoire, mais lui valait une augmentation de salaire. Dans quelques métiers, on était dispensé de veiller, et on avait même des vacances ; les tréfiliers d'archal chômaient le mois d'août.

Pendant toute la durée de son engagement, l'ouvrier ne devait pas s'embaucher ailleurs ; on punissait sévèrement le maître qui le faisait travailler pour lui, connaissant ses engagements avec un autre ; le valet était puni de la même peine, qui était une forte amende ; si on ne payait pas, on pouvait être exclu de la corporation, car toutes les peines étaient prononcées par les magistrats du métier.

Le maître ne devait pas non plus renvoyer le valet sans raison. Dans quelques corporations, il fallait, pour que le renvoi fût prononcé, que les motifs fussent agréés par deux valets et quatre maîtres, gardes du métier. Le valet jouissait de certains priviléges ; il pouvait faire travailler sa femme chez son maître, sans apprentissage, lorsque, dans son métier, le service des femmes était demandé. On devait l'employer dans sa corporation de préférence à tout étranger.

Ainsi qu'on peut s'en convaincre, les rapports d'apprentis et d'ouvriers à maîtres se trouvaient réglés avec un esprit de suite et une sagesse qui méritent l'attention de l'économiste et du savant. L'apprenti qui faisait partie de la famille du maître recevait, avec les éléments et les préceptes du métier, non-seulement la subsistance matérielle, nourriture, vêtements, etc., mais encore une instruction morale qui le préparait à devenir maître à

son tour. On devait le traiter en fils 'de preud'homme ;
cet article du règlement des drapiers dit assez que l'apprenti du moyen âge n'était pas l'esclave que certains
esprits chagrins et physiocratiques ont cru devoir nous
montrer dans leurs livres. Pour l'ouvrier, un conseil de
preud'hommes veillait sur la stricte observation des règlements qui le liaient à son patron. Les engagements
étaient réciproques et devaient être tenus des deux parts ;
si on exigeait de l'ouvrier certaines conditions morales,
une très-grande propreté, une obligation absolue d'achever, pour le même maître, le travail entrepris, le maître
lui devait en retour de ne pas le renvoyer sans cause, et
d'admettre sa femme de préférence à toute autre et sans
apprentissage, dans le cas où les travaux de son sexe seraient utilisés dans la maison.

Nous croyons utile de répéter ici, où cela est bien
à sa place, ce que nous disons plus loin sur les apprentissages des corporations des arts et métiers comparés à ceux du système moderne.

« C'est à ce sujet que l'esprit français, quelque peu
moqueur, fait dire des jeunes gens qui se destinent à l'administration qu'ils sont *aspirants surnuméraires*, lorsqu'ils
n'ont pu encore obtenir ce bienheureux commencement
de fonction.

« Les apprentissages des anciennes corporations
étaient en moyenne de sept années, mais les apprentis
étaient nourris, couchés, instruits et entretenus chez les
maîtres ; ils faisaient en quelque sorte partie de leur
famille ; beaucoup d'entre eux devenaient leurs gendres
et souvent leurs successeurs.

« Il ne faut pas réfléchir bien longtemps pour voir
toute la moralité qui découlait d'une pareille institution.

« Dans la corporation gouvernementale moderne, le
surnuméraire n'est ni couché, ni blanchi, ni nourri, ni

entretenu, et il s'écoule en général et en moyenne beaucoup plus de sept ans entre l'époque de son entrée dans l'administration et l'époque où il a des appointements suffisants pour vivre aussi modestement que ce soit.

« En outre, le surnuméraire n'apprend rien dans les administrations publiques, et, s'il en sortait, il ne pourrait pas, même après y avoir passé sept années entières, et surtout après y avoir contracté les habitudes traditionnelles du *far niente* administratif, gagner honorablement sa vie, pas plus dans le commerce que dans l'industrie. »

Le règne de saint Louis, c'est-à-dire le xiiie siècle, fut l'époque de la réglementation de toutes les corporations d'arts et métiers. Ce grand génie, qui est le véritable continuateur pratique des pensées sociales de Jésus-Christ, prises dans leur véritable sens, a voulu instituer officiellement et généralement le seul moyen rédempteur de l'humanité, c'est-à-dire le *travail*.

<hr>

VIII

SCEAU DE LA CORPORATION DES ORFÉVRES.

Nous avons parlé dans notre premier volume, pages 42-46-47-48-49, des règlements concernant les orfévres. De nombreuses fraudes s'étaient glissées dans leur art. On se servait d'or de Lucques plutôt que d'or de Chypre ; on dénaturait les métaux par des alliages ; on dorait et on argentait le laiton et l'étain ; on fabriquait de fausses pierres avec des pâtes et des émaux colorés. Une ordonnance dut réprimer ces abus, et le règlement des orfévres forma le titre XI du célèbre Livre des métiers.(Voir notre premier volume.) De cette époque date le sceau de la corporation des orfévres, qui prit le titre de Confrérie de Saint-Éloi ou Communauté du métier. Le sceau représente saint Éloi en costume d'évêque, tenant d'une main la crosse et de l'autre un marteau ; il est entouré de détails d'architecture gothique, dont quelques-uns forment une niche. On lit en légende : S. (*Sigillum*) *confrarie*. S. (*Sancti*) *Eligii aurifabrorum*. Sceau de la confrérie des orfévres de Saint-Éloi.

RIVALITÉS ENTRE ORFÉVRES ET CHANGEURS. — LE POINÇON. GARDES DE L'ORFÉVRERIE. — ARMOIRIES.

L'an 1250 forma la séparation des orfévres proprement dits des fermailleurs, hanapiers, monétaires, avec lesquels on les confondait. Cependant les orfévres, arguant de leur droit de marque, prétendirent faire concurrence aux changeurs ; en 1303, ils occupaient, sur le pont au Change ou Grand-Pont, les maisons en aval de la rivière, et continuaient le change, ce qui devait donner lieu à de nombreux procès. En 1303, le parlement intervint pour déclarer que le prévôt de Paris avait bien agi en faisant enlever des ouvroirs des orfévres les tapis qui leur servaient au change. En 1313, une ordonnance royale soumit l'or et l'argent façonnés au poinçon des orfévres ; trois prud'hommes en eurent la garde et furent appelés gardes de l'orfévrerie. C'est en 1330 que le nombre en fut porté à six. Parmi les chefs de la communauté, on cite quelques noms : Philippe Daverts, Jean de Lille, Aleaume Gaureau, Thomas Augustin, Jean Parvin, Gilles Lecoutelliers.

Philippe de Valois donna aux orfévres le premier rang dans les six corps des marchands de Paris, et leur confia la garde des joyaux et meubles de la couronne. Dans les festins solennels donnés pour les joyeuses entrées, ils remplissaient leur charge en gardant le buffet royal. A tous ces priviléges, le roi crut devoir ajouter le droit d'armoiries ; ces armoiries, qui décoraient la bannière de la communauté, se lisent ainsi : au chef de gueule semé de fleurs de lis sans nombre ; à la croix dente-lée d'or sur champ de gueule écartelant l'écu, qui porte encore au premier et au quatrième, à la couronne d'or ; au deuxième et au troisième, au ciboire d'or. Une couronne en baldaquin surmontait l'écusson, deux anges lui servaient de supports ; comme devise on lisait ces mots : *In sacra inque coronas* (dans les vases sacrés et les couronnes). Ces armoiries décorèrent les lieux de réu-nion des orfévres, leurs demeures privées, la bannière ; elles remplacèrent même, au xviᵉ siècle, le sceau qui portait l'image de saint Éloi.

L'art de l'orfévre considéré comme noble, anoblissait le roturier. Quelques descendants d'orfévres exercèrent les plus hautes magistratures.

L'ORDONNANCE DE 1310, 1311, 1322.

En 1310, toujours préoccupé du monnayage et de tout ce qui s'y rapporte, le roi se réserve la vente et l'achat des matières d'or et d'argent ; on fit défense de fabriquer de la vaisselle d'orfévrerie, qui rendait le numéraire rare ; on ne fit exception que pour les églises, et l'exportation fut interdite. Les pèlerins seuls furent dispensés de cette mesure. Enfin, par surcroît de précaution, il fut défendu aux orfévres de fondre la monnaie pour en fabriquer d'autres objets. Une ordonnance de 1311 réglementa la dimension des vases d'argent ; ils devaient être larges d'un pied et ne pas dépasser, comme poids, trois ou quatre marcs ; on pouvait les dorer en dedans et en dehors. En 1322, la grosse vaisselle d'argent fut interdite ; le roi Jean, à la requête des marchands orfévres, leur confirma tous les priviléges octroyés par son père.

La nouvelle ordonnance royale, qui n'était que le développement des statuts du Livre des métiers d'Étienne Boileau, en différait par quelques points.

Citons les principaux :

Pour être orfévre à Paris, il fallait avoir été apprenti dans cette ville ou ailleurs, sinon « ouvriers d'autres métaux que d'or et d'argent, » et être approuvé par les maîtres et bonnes gens du métier, comme capable d'exercer ledit métier, de « tenir et lever forge » et d'avoir poinçon et contre-seing. Le contre-seing était la marque particulière et le poinçon celle de la communauté. L'apprenti reçu orfévre prêtait serment de n'ouvrer d'autre métal que de bon or et de bon argent, excepté en fait de joyaux d'église, dont les titres pouvaient varier avec l'autorisation des maîtres. La touche de Paris était à dix-neuf carats un cinquième.

La teinte des pierres fausses était interdite, on ne devait pas les monter sur feuille d'or ou d'autre couleur, ni les mélanger aux pierres fines, si ce n'est en manière de miroitement. On ne devait pas monter ensemble les perles d'Écosse et les perles d'Orient, sauf pour les joyaux d'église. On défendait également, pour les menus objets d'argent, le mélange des verrines ou verres colorés avec des pierres fines. Les pierres fausses ne pouvaient être montées en or ou en argent que pour l'usage du roi, de la reine ou de leurs enfants. On ne devait pas mettre de la craie (croye) sous les émaux d'or et d'argent dans la fabrication de la grosse vaisselle qui se vendait au marc. L'argent de gros dont se servait l'orfévre avait le même titre que celui du roi; dans les soudures, on était obligé de coudre à l'aiguille les pièces formées de parties soudées, car il était interdit de les casser. Les parties estampées en creux devaient offrir une surface pleine (martel); celles qui étaient en argent plein devaient avoir le poids requis pour l'argent de gros.

On ne pouvait travailler chez soi ni dans un atelier avant d'avoir été reconnu capable par les maîtres du métier. Un apprenti, pour devenir maître, devait faire un apprentissage de huit années chez un orfévre; il pouvait passer une partie de ce temps en qualité de valet ou ouvrier gagnant argent.

L'orfévre ne pouvait prendre un second apprenti que quand le premier avait terminé la moitié de son temps. L'orfévre étranger ne pouvait ouvrir une forge dans Paris qu'après un séjour d'un an et un jour, qui permettait aux maîtres du métier de s'enquérir de sa capacité et de ses mœurs. A l'ouverture de sa forge, l'orfévre payait un marc d'argent, dont moitié revenait au roi et moitié à la corporation.

Les billonneurs, tabletiers, merciers, ne pouvaient acheter des objets d'or et d'argent sans une autorisation spéciale.

La garde du métier était confiée à cinq ou six prud'hommes élus tous les ans; ils pouvaient citer deux fois devant eux pour le réprimander tout orfévre employant de mauvaise marchandise; la troisième, ils devaient déférer le coupable à la juridiction du prévôt de Paris; l'orfévre coupable était banni pour un, deux ou trois ans. Les Lombards qui travaillaient secrètement chez eux s'exposaient à voir leur ouvrage confisqué au profit du roi et à être chassés de Paris pendant un an et un jour. Le cinquième des confiscations de cette nature se versait à la boîte ou caisse de la confrérie pour les aumônes, secours, etc. Cette ordonnance de Philippe VI, confirmée par le roi Jean, fut enregistrée au Châtelet dans un registre désigné sous le nom de *livre blanc*.

ORDONNANCE DE CHARLES V.

Charles V confirma de nouveau les priviléges et statuts de la corporation des orfévres, en 1378 : *Savoir faisons à tous présents et à venir, disait l'ordonnance, que, comme par la diligence des anciens de nos orfévres, on ait trouvé des faux et malfaçons es œuvres des orfévres de notre bonne ville de Paris, en or ou en argent de moindre loi (aloi) et valeur que estre ne devroient par les ordonnances et usages anciens, dont aucuns en ont estés repris et punis... Nous, ensuivant les bonnes mœurs et justes considérations de nos devanciers roys de France, ayant très-effectueusement desir de pourvoir au bon gouvernement du bon peuple et, en espécial, de nostre bonne ville de Paris, qui, par multiplications d'excellans artifices, doit resplendir sur toutes les autres citez, estre décorée et de notable renommée estre, les ayons fait visiter et essayer les matières dont les dits orfévres usoient communément, tant d'or, comme d'argent, et veoir aucunes anciennes ordonnances faites sur ledit mestier, matière et œuvre, et faire ouir aucun desdits orfévres..... avons sur ce ordonné et ordonnons.*

Le surplus de l'ordonnance ressemblant à celle de

1355, nous nous abstiendrons de la rapporter, on y trouve pourtant cette modification : « *Tous orfévres qui ouvreront d'argent en vaiselle et autres joyaux, comme pots, plats, ecuelles, hanaps, gobelets, calicos, cuillers, ceintures et autres choses quelconques, excepté celles dont il sera ordonné en l'article ensuivant, ouvreront d'argent qui soit aussi bien et se revienne sans les soudures comme l'argent appelé l'árgent le roi, lequel est à onze deniers douze grains fins et auront remède de trois grains au marc d'argent et surplus : et leur doit bien suffire cette loi ; car entre la vaiselle que l'on a naguères prise chez plusieurs orfévres de Paris, l'on a trouvé grande quantité à onze deniers neuf grains fins et au-dessus. En tous petits images, feuilles, lions, gargouilles et autres choses de semblable façon, qu'il convient estre moulées et assises en autres qu'esdits ouvrages, planches, boutons et semblables choses, semés en tas, lesdits orfévres ouvreront du dit argent à onze deniers douze grains, et auront remède de cinq grains fins au marc et non plus.* »

Les généraux-maîtres des monnaies du roi visitaient, dans Paris, les ouvrages des orfévres et s'emparaient de tout objet dont le titre se trouvait inférieur à l'ordonnance ; l'objet était confisqué et brisé, sans amende, les deux premières fois, mais la troisième, l'orfévre était passible d'une amende plus ou moins forte, selon l'importance de la contravention.

Les orfévres avaient joint à leurs priviléges l'industrie des cristailliers ou lapidaires, ainsi que celle des émailleurs. Il ne s'en trouvait pourtant qu'un seul en 1317, du nom de Garnot, à qui le roi Philippe le Long avait donné le privilége de s'établir sur le pont au Change.

RECENSEMENT DES ORFÉVRES EN 1292.

Les ordonnances sur les monnaies promulguées sous différents rois, avaient fait un tort trop réel aux orfévres ; en 1292, leur nombre, d'après le recensement des tailles, ne s'élevait qu'à cent quatre-vingt-deux personnes, tandis que dans les villes flamandes les maîtres orfévres se comptaient par milliers dans leurs corporations.

Ces cent quatre-vingt-deux orfévres durent payer 40 livres 2 sols ou 9624 deniers. La médiocrité de cette taille comparée à celle des autres métiers, prouve le peu de prospérité de la corporation. Dans le nombre que nous venons d'indiquer, se trouvaient quelques étrangers : Richardin de Londres, imposé 3 sous, L'Anglois, 12 sous, un nommé Lorens des Chans fut imposé 70 sous, un Gilles Sessons ne paya que 12 deniers, Jehan le Cochetier, 58 sous, Gefroi, 45, Jehan d'Aire, 36, Richard et Pierre, deux émailleurs, 28 sous chacun. .

La taille trouva les orfévres établis à la droite du Châtelet, près des chapelles Sainte-Opportune et Saint-Josse, rues Neuve-Bourg-l'Abbé, Quincampoix. Le siége de la confrérie était établi dans l'église Saint-Josse, rue Aubry-le-Boucher.

Au xiv⁰ siècle, le Châtelet et le prévôt des marchands avaient la haute direction de tout ce qui concernait l'orfévrerie et la garde des vieux statuts des métiers. Cependant quelques villes étaient de véritables centres de fabrication au profit de tous les membres de leurs corporations d'orfévres : Limoges, Troyes, Rouen, Amiens, Bourges, le Puy-en-Velay, Nancy, Metz. Une ordonnance de Charles V autorise l'élection de deux gardes du métier, pour les orfévres du Puy-en-Velay, leurs fonctions étaient identiques à celles des gardes de Paris.

Les orfévres de Limoges continuaient à jouir d'une réputation méritée, l'origine de cette industrie remontait au IIIe siècle, car Philostrate affirme qu'on fabriquait dans les Gaules, des émaux incrustés sur cuivre. Jusqu'au XIe siècle, il ne subsista aucun monument relatif à l'émaillerie par le procédé de champlevé. Il fut donné aux évêques, aux communautés religieuses de faire refleurir cet art disparu.

IX

ÉMAILLEURS DU SYSTÈME CHAMPLEVÉ.

L'or et l'argent se trouvant matières trop précieuses, on eut souvent recours au cuivre qu'on revêtait sans peine d'émaux lumineux. Les émailleurs de Limoges en ornèrent surtout les châsses, par les procédés les plus simples. « Après avoir poli une plaque de cuivre, l'artiste y indiquait toutes les parties qui devaient affleurer à la surface de l'émail pour rendre les traits du dessin de la figure ou du sujet qu'il voulait représenter.... puis il fouillait profondément dans le métal tout l'espace que les divers émaux devaient recouvrir. Dans les fonds ainsi champlevés, il introduisait la matière vitrifiable, dont il opérait ensuite la fusion dans le fourneau. Lorsque la pièce émaillée était refroidie, il la polissait par divers *moyens, de manière à faire paraître à la surface de l'émail tous les traits du dessin rendus par le cuivre. La dorure était ensuite appliquée sur les parties du métal ainsi réservées. Au XIe et XIIe siècles, les traits du dessin affleuraient seuls le plus ordinairement à la surface de l'émail, et les carnations, comme les vêtements, étaient produites par des émaux colorés. Au XIIIe siècle, l'émail ne servait plus qu'à colorer les fonds, les figures étaient réservées en entier sur la plaque de cuivre, et les traits du dessin exprimés par une fine figure sur le métal.* (SÉRÉ, De l'orfévrerie, p. IX.)

Parmi les monuments les plus remarquables de l'art des émailleurs, on cite le sépulcre de Saint-Front, enrichi d'émaux par le moine Guinamundus. On citait au XIIe siècle, quantité d'objets remarquables par le fini et par la perfection de l'art des ouvriers émailleurs de Limoges. Cette industrie devint bientôt si prospère, que ses produits furent recherchés, non-seulement en France, mais dans l'univers entier. Des émailleurs limousins, sous la conduite de Jean de Limoges, exécutèrent en 1267, le célèbre monument de Walter Morton, évêque de Rochester. Au XIIIe siècle, des corporations d'émailleurs d'origine française s'établirent à Cologne, à Trèves, à Mayence. Ce qui prouve leur présence dans ces villes, c'est le grand nombre d'objets exécutés par le procédé champlevé que l'on y retrouve.

ORFÉVRERIE GOTHIQUE.

Ainsi que nous avons pu le voir plus haut, l'architecture religieuse avait subi au XIIIe siècle d'importantes modifications. La forme un peu lourde des tombeaux, adoptée pour les reliquaires, se trouve abandonnée, la châsse gothique ne tarda pas à reproduire les charmants détails de cette fantasque architecture ; on ne vit partout que flèches mignonnes, délicatement ouvrées dans l'or et l'argent, que sveltes colonnettes, réductions charmantes de celles que l'œil du fidèle se plaisait à contempler dans les cathédrales, que niches destinées à recevoir tout un monde de saintes figurines, aussi remarquables par la matière que par la perfection du travail qui avait présidé à leur exécution. On fit appel au moulage, à la ciselure, au repoussé ; les filigranes ne tarderont pas à reproduire, sur les châsses, toutes les délicatesses de la sculpture gothique. Les nielles, les gravures au burin remplacèrent les émaux ; un goût véritablement épuré semble avoir présidé à cette nouvelle ornementation, qui ne paraît avoir perdu en somptuosité que pour gagner en élégance. L'ordonnance de 1356 qui ne permettait que l'orfévrerie religieuse, sans défendre aux princes de faire fabriquer pour eux de l'orfévrerie civile, devait hâter le développement de cette dernière. Les somptueux dressoirs des grands seigneurs, ne tardèrent pas à se couvrir de pièces magnifiques.

Les corporations d'orfévres se trouvèrent donc à cette époque en pleine prospérité, si on en juge par la quantité de merveilleux objets décrits par les inventaires de Charles V et du duc d'Anjou.

ORFÉVRES AU TEMPS DE CHARLES V.

L'orfévre de ce dernier prince se nommait Henry, ainsi qu'il résulte d'un passage de l'inventaire, écrit en entier de la main du royal possesseur de ces merveilles : citons en un extrait : « *De l'or que Henry, notre orfévre, a*

*pour la grande nef que il fait comte avec lui, au mois de mars
l'an* M.CCC.LXVIII. *fu trouvé qu'il avoit* CCC.XLVIII.M. *(marcs)
au* M. *(marc) de Troyes.*

« *De l'or en vesselle pese et assommé ou dit mois et l'an*
IX^{cc}LX (960) M. *au* M. *de Troyes. Pomme de l'or* XIII^{cc}VIII
(1308) M. *audit pois. La veselle d'argent qui est la tour et
devers nous courant par nostre hostel, ou dessus dis moys et
an pesée et assommée monte* VIII_M XXXVI. (8036) M. *au marc
de Troyes.* » *Et plus bas Loys.*

ÉTRANGETÉ DE L'ORFÉVRERIE CIVILE.

Cette sèche nomenclature prouve que le duc d'Anjou
faisait faire pour son usage quantité de vaisselle d'argent, mais pour satisfaire plus complétement sa passion
qui était d'avoir un dressoir bien garni, il fit tous ses efforts, après la mort de Charles V, pour mettre la main sur
les riches pièces d'orfévrerie de ce prince, il n'y parvint
qu'avec quelque peine. La bizarrerie semble être le caractère dominant de l'orfévrerie civile de cette époque ;
on reproduisait pour former des vases, des hommes, des
animaux, des fleurs. Le tout mêlé et agencé avec un
goût plus ou moins parfait.

D'un coq on formait une aiguière, le col, le corps et la
queue étaient semés de perles, on émaillait de jaune sa
tête d'argent, sur son dos grimpait un renard lui prenant
la crête, tandis que des enfants jouaient à ses pieds.

Un entablement émaillé d'azur supporte un homme à
cheval, entouré de gens de pieds ; il chasse ; au bout de
son bras droit, il tient un chaperon qui se termine par
un goulot à verser l'eau.

Les deux inventaires, celui de Charles V et celui du

duc d'Anjou, renferment la description de quantité d'autres objets, aussi variés de forme, qu'intéressants par le fini du travail.

LES ORFÉVRES SOUS CHARLES VI.

En même temps que l'orfévrerie civile s'améliorait, l'orfévrerie religieuse prit sous le règne de Charles VI un très-grand développement. On fabriquait, pour les églises, des vases d'or enrichis d'émaux et de pierreries qui décoraient les crosses d'évêques, les mitres et les vêtements sacerdotaux.

La forme des calices est changée, de ronde elle est devenue semi-ovoïde, les pieds s'étalent en pans coupés et se font remarquer par l'extrême délicatesse de leur ornementation. On enrichit de reliures d'or ou d'argent les livres destinés aux autels, un réseau de même matière sert souvent d'entourage à des burettes de cristal de roche, les encensoirs sont à pignons, à tourelles, les châsses ont la forme de statuettes d'or ou d'argent, qui se mélangent agréablement aux variétés de flambeaux décorant les autels.

Les inventaires de Charles V et du duc d'Anjou fournissent encore de précieux détails sur la somptuosité des orfévreries ouvrées par les corporations du XIVe siècle.

OBJETS DE PARURE.

Les orfévres de menus objets pour la parure devenaient également fort nombreux, non-seulement on brodait d'or les vêtements, les coiffures, mais on les semait de perles et de pierres précieuses. Les perles servaient quelquefois à tracer sur un pourpoint les vers d'une chanson en vogue. On fabriquait pour les femmes quantité de menus objets, dont il était de bon goût de s'encombrer. Une chanson d'Eustache Deschamp, citée par M. Serré, en énumère quelques-uns.

> Encore — voy-je que leurs maris
> Quand ils reviennent de Paris,
> De Reims, de Rouen et de Troyes,
> Leur apportent gans et courroyes,
> Pelices, anneaulx, fremillez,
> Tasses d'argent ou gobelez,
> Pieces de couvrechiefs entiers.
> Et aussi me fut bien mestiers
> D'avoir bourse de pierrerie,
> Couteaulx à imagerie,
> Epingliers tailliez à esmaux.

Bien que fort nombreux à cette époque, ces fragiles objets ne purent traverser les siècles, les spécimens des bijoux du XIVe siècle sont fort rares. Les inventaires ne portent mention que de fermoirs de chape ou pectorals, nom sous lequel on les désigne encore aujourd'hui. Les ceintures qui entouraient la taille étaient désignées sous le nom de demi-ceints, elles consistaient dans un tissu couvert de légères orfévreries, elles étaient alors dites ferrées, on retrouve à cet égard des détails dans les inventaires. Quelquefois ces ceintures étaient tout or ou tout argent, la mode en a refait de nos jours quelques imitations exactes. Les femmes portaient sur la tête des chapels d'orfévrerie ou d'orfroi filigrané d'or. Les hommes faisaient coudre des pierreries à leurs chaperons. Les petits reliquaires, les images pieuses paraissent être à cet égard le complément de toute grande parure. On portait un saint Michel d'or émaillé au naturel entre deux plaques de cristal de roche, une petite crucifixion ouvrante, une Notre-Dame assise dans une chaire, entourée de perles, de saphirs ou de rubis, la Trinité ou quelque autre figure de dévotion.

Les corporations d'orfévres de cette époque ne demeuraient étrangères à aucune sorte d'ouvrage. On émaillait le cadre des miroirs et on enrichissait le dos de figures, délicatement ciselées. Les orfévres les plus célèbres de ce temps étaient : Jean de Montreux, orfévre du roi Jean, Claux de Fribourg, Jean de Piquigny, Robert Retour, Hannequin, orfévre de Charles V, Henry, que le duc d'Anjou, dans son inventaire, a cru devoir citer, et Nicolas Siffart, orfévre du duc d'Orléans.

X

L'ORFÉVRERIE AU XVe SIÈCLE.

Le xve siècle fut encore une époque prospère pour l'orfévrerie française, laquelle, à l'exemple de tous les autres arts, ne devait pas demeurer étrangère au grand mouvement de la renaissance. Les émaux subirent à cette époque une véritable révolution ; à côté de leurs couleurs inaltérables, le dessin des émailleurs limousins avait conservé un caractère de roideur, qui donnait à leurs productions les plus estimées certaines ressemblances avec les mosaïques ; à partir de la fin du XIIIe siècle, les esprits les plus inventifs cherchèrent à s'affranchir des traditions byzantines ; sans renoncer à la décoration des objets par le moyen des émaux, les orfévres s'en servirent avec moins de profusion. L'incrustation d'émail dut faire place aux fines ciselures, car on ne fabriquait plus qu'avec de l'or et de l'argent les vases destinés aux autels, et la vaisselle qui devait servir pour les dressoirs des grands ; on fit usage d'émaux translucides qui semblaient faire corps avec le travail général.

Le procédé consistait à entailler, sur une plaque très-mince d'or ou d'argent, le contour du champ qu'on voulait émailler, on dessinait ensuite le sujet à reproduire, et on le gravait en relief. On pulvérisait dans l'eau, on dégraissait et on lavait les différentes couleurs d'émail. On prenait grand soin de les sécher. Enfin, on commençait à émailler son dessin, en recueillant l'émail sur une petite spatule de cuivre, on l'étendait peu à peu, en prenant soin d'harmoniser les couleurs. La pièce ainsi préparée devait être confiée au four, on la retirait au moment où l'émail commençait à bouger, car il était important de ne pas le laisser couler entièrement. La pièce refroidie recevait une seconde couche d'émail et devait subir encore l'opération du four, d'où on l'en retirait aussitôt la fusion. Les dernières opérations de l'émail refroidi, consistaient à l'amincir, en se servant d'une pierre dite cos par Théophile, frassinella par les Italiens, et à polir avec du tripoli. L'usage des émaux translucides passa d'Italie en France, dans les premières années du XIVe siècle. En 1317, Montpellier possédait une manufacture d'émaux sur or et argent. Philippe V, le Long, avait défendu aux monnayeurs de faire concurrence aux émailleurs.

Durant le xvɪᵉ siècle, après la fuite des artistes grecs en Italie, qui importèrent avec eux tous les procédés de la glyptique et de la taille des pierres dures, les orfévres de France et d'Italie ne s'occupèrent plus que de la recherche des belles pierres, pour en faire, au moyen des arts de l'orfévrerie, des objets magnifiques.

Les plus grands artistes ne dédaignèrent pas de tailler des vases de leurs mains. Vasari, Valerio Vicontino, Jacopo da Trozzo, Gaspero et Girolamo firent des vases qui devinrent célèbres. Les premiers orfévres de l'Italie les montèrent avec un très-grand luxe de matière et d'ornementation. François Iᵉʳ, Henri II, firent le plus grand cas de ces beaux vases, qui montrent le goût exquis des corporations d'orfévres à cette époque.

La damasquinerie, comme la taille des pierres dures, nous vint également d'Italie, on sait qu'elle consiste à rehausser de filets d'or et d'argent le fer et le bronze. On en fit d'abord usage pour l'ornementation des armures, puis les orfèvres italiens ne craignirent pas d'étendre ce nouvel art jusqu'à la décoration dés coffrets, des miroirs, des cabinets, etc.

L'orfévrerie française abandonna le style gothique, pour suivre celui qu'avait adopté la renaissance italienne (1). Louis XII et François Iᵉʳ, grands protecteurs des corporations d'orfévres, s'entourèrent d'artistes italiens, qui eurent bientôt enseigné aux nôtres tous les procédés de leur art. Louis XII octroya les libertés les plus grandes aux orfévres français, encouragé qu'il était dans cette voie, par les conseils du cardinal Georges d'Amboise, son ministre. François Iᵉʳ, amateur éclairé de tous les arts, suivit avec empressement cet exemple. Sous son règne, les produits des corporations d'orfévres purent

____

(1) Nous devons la renaissance des arts en Italie aux anciennes corporations qui dirigeaient le gouvernement de la Toscane.

rivaliser avec les meilleurs ouvrages des artistes italiens.
Cellini ne manqua pas, dans ses Mémoires, de vanter
l'orfévrerie parisienne, qui consistait surtout en grosse-
rie, c'est-à-dire en orfévrerie religieuse, en vaisselle de
table, en figures de haut relief. Tous les bijoux exécutés
à cette époque, le furent dans le style et sous l'influence
italienne. Un inventaire du roi Henri II, rédigé en 1560,
nous fait connaître les plus importants ; les objets dont
on retrouve d'assez nombreuses traces, consistaient en
pendants d'oreilles, en pendeloques qu'on suspendait sur
la poitrine, en médaillons qui décoraient les chaînes des
hommes, ou qui se portaient au chapeau, en bracelets,
anneaux, etc. Les médaillons décorés du nom d'enseignes,
servirent de prétexte aux plus charmantes fantaisies.
Non-seulement les figurines étaient en or repoussé et
ciselé, mais on émailla leurs vêtements et on y enchâssa
de microscopiques pierres précieuses.

L'année 1572 vit confirmer par Charles IX les priviléges, franchises et libertés des corporations des orfévres.
Celle de Paris avait su conserver sur toutes les autres une
incontestable supériorité. Parmi les merveilleux objets
qui furent fabriqués à cette époque, on cite la pièce
d'orfévrerie offerte au roi, par la ville de Paris :
« *C'était un grand pied d'estail soustenu par quatre daul-*
phins, sur lequel estoit un chariot triomphant, embelly de
plusieurs ornemens et enrichissemens, traisné par deux lions
ayant les armoiries de la ville au col, etc. » Cette pièce pesait
quatre-vingt-trois marcs, mais n'ayant pu être offerte
au roi à l'époque de son avénement, le prévôt des marchands crut devoir y faire de nombreuses modifications.
On chargea de ce soin Jehan Regnard, orfévre de Paris.
La figure du roi fut refaite, on introduisit dans la composition des bas-reliefs représentant les batailles de
Dreux, de Saint-Denis, de Cognac et de Montcontour, on

substitua des colonnes droites aux colonnes torses du plan primitif, et on employa pour tous ces travaux soixante-douze marcs de vermeil.

Mais si cette époque semble l'apogée des arts de l'orfévrerie, les chefs-d'œuvre qu'ils enfantèrent, ne devaient pas, en très-grande partie du moins, venir jusqu'à nous ; les huguenots, en brisant les vases sacrés, en détruisant les nombreux trésors qui décoraient les églises et les abbayes, firent subir à l'art des pertes irréparables.

Les guerres civiles interrompirent le cours des prospérités des corporations d'orfévres, mais, le calme rétabli, toutes les industries ne tardèrent pas à refleurir, sous le règne d'Henri IV. Comme Louis XII, comme François Ier, comme Henri II, le Béarnais se déclara le protecteur des orfévres. Les sculpteurs, les horlogers, les graveurs en pierres fines, les orfévres, furent installés dans le Louvre même, ces derniers prirent même le nom d'orfévres du roi.

Aussi les talents dans cet art furent-ils fort nombreux. Parmi les grands orfévres du xvie siècle, on peut citer Bénédict Rumol, qui vécut sous François Ier, Claude Marcel, orfèvre de Catherine de Médicis, Étienne de Laulne, Woeiriot, Claude de la Haye et François Desjardins, orfévres de Charles IX ; Jean de la Haye, orfévre de Henri IV.

Il devint de mode au siècle suivant de détruire la plupart de ces beaux objets, qui sont devenus extrêmement rares, le Louvre en possède à peine quelques-uns, et ils font totalement défaut aux collections publiques de l'Europe.

La vaisselle émaillée de Limoges, rentrant directement dans l'orfévrerie, nous en dirons quelques mots.

Pour suivre le courant qui entraînait tout le monde vers les somptueux ouvrages d'or et d'argent, ornés d'émaux translucides, les émailleurs qui n'appliquaient l'émail que sur du cuivre, durent chercher de nouveaux procédés, ils inventèrent alors la peinture sur émail, qui rendit inutile le concours du ciseleur pour arrêter les contours du dessin, on couvrit d'émail le métal, qu'on traita dès lors comme le bois ou la toile; avec le pinceau on étendit l'émail, et on lui fit rendre ainsi le coloris et le trait. Au xvie siècle, les peintres émailleurs étaient en pleine possession de la perfection des procédés.

Les premières peintures sur émail ne firent que reproduire des sujets de piété, mais l'arrivée des artistes italiens modifia complétement ce genre. Le Rosso, le Primatice et d'autres firent pour les émailleurs de Limoges des cartons.

Ce fut l'époque des diptyques, des triptyques, formés de deux ou de trois compositions séparées, qu'on réunissait par des charnières de cuivre. Vers 1540, l'art de l'émailleur alla plus loin : des coffrets d'une rare élégance, des flambeaux admirables, des salières toutes ornées de sujets mythologiques, des assiettes reproduisant les occupations des mois, des aiguières, des coupes, des bassins, sortirent de leurs mains habiles. En ce temps-là on vit fleurir Léonard, le célèbre peintre de François Ier, directeur de la manufacture royale de Limoges. Pierre Raymond, les Pénicaud, les Courtois, Jean Court, Vigier, M.-D. Pape, Suzanne Court, Martial Raymond et Jean Limousin, vinrent après lui illustrer cet art.

XI

ORFÉVRES SOUS LOUIS XIV.

Durant le premier tiers du xviie siècle, l'orfévrerie française conserva son caractère de la Renaissance.

Il y eut sous Louis XIII des artistes remarquables, à en juger par les précieux objets qui sortirent de leurs mains, dont quelques-uns sont conservés au Louvre.

Sous Louis XIV, les formes deviennent plus lourdes; on vise au grandiose, et le poids semble être une des conditions exigées pour les plus beaux objets d'art.

Le peintre Lebrun dessine des modèles pour l'orfévrerie, que les célèbres Balin et Delaunay exécutent. Parmi les plus habiles orfévres, il faut encore citer Labarre, les deux Courtois, Bassin, Roussel et Vincent Petit. Les logements qu'Henri IV avait établis au Louvre pour les plus habiles de cette corporation, étaient occupés par eux. Le célèbre sculpteur Sarazin se fait un moment orfévre, et exécute pour le roi des crucifix d'or et d'argent d'une grande beauté. Les traces des arts de l'orfévrerie au temps de Louis XIV sont extrêmement rares; les guerres causèrent, en 1688, la fonte de tous les somptueux objets qui décoraient les autels. Le roi donna lui-même l'exemple en envoyant à la Monnaie ses tables d'argent, sa vaisselle et ses siéges splendides qui décoraient si magnifiquement Versailles. Les bijoux, sous Louis XIV, subirent également quelques transformations; les pierres précieuses ne servirent plus d'accompagnement aux petites figures émaillées, mais elles devinrent elles-mêmes l'objet principal des bijoux; on les monta en fleurs, en guirlandes; on les plaça dans les cheveux, au corsage.

XI

ORFÉVRES SOUS LOUIS XV ET LOUIS XVI.

Le XVIIIe siècle ne brilla que par l'absence du grand style pour tout ce qui concernait les arts de l'orfévrerie; mais que les petits objets d'orfévrerie de cette époque étaient jolis! On cisela des tabatières, des poignées de cannes, des gardes d'épée; on monta des diamants en aigrettes, en colliers, en bracelets. Le soin de l'orfévre sembla se perdre dans les petits détails; le joli remplaçait le beau; les orfévres allemands seuls, dit M. Labarte, semblaient avoir conservé quelques belles traditions de la Renaissance.

Les corporations d'orfévres de France, que l'esprit physiocratique n'allait pas tarder à faire disparaître avec toutes les autres corporations d'arts et métiers, étaient les suivantes : celles d'Abbeville, Aire, Alençon, Amiens, Ancenis, Angers, Angoulême, Arras, Aurillac, Autun, Auxerre, Bayeux, Beaune, Besançon, Béziers, Blois, Bordeaux, Bourges, Brest, Brioude, Caen, Cambrai, Carcassonne, Castellane, Castres, Caudebec, Chalons, Chartres, Château-Thierry, Châtellerault, Chauny, Clermont,

Compiègne, Courtrai, Coutances, Crépy, Dieppe, Digne, Dijon, Douai, Dunkerque, Évreux, Falaise, Fontenay, Fougères, Grasse, Guise, Harfleur, Havre, La Charité, La Fère, La Flèche, Landerneau, Laon, La Rochelle, Laval, Lille, Luçon, Lyon, le Mans, Maringues, Marseille, Metz, Montauban, Morlaix, Montpellier, Nantes, Noyon, Orléans, Paris, Péronne, Perpignan, Pithiviers, Poitiers, Quimper, Reims, Rennes, Riom, Romorantin, Rouen, les Sables, Saint-Brieuc, Saint-Flour, Saint-Jean-d'Angely, Saint-Lô, Saint-Maixent, Saint-Malo, Saint-Omer, Saintes, Saumur, Soissons, Strasbourg, Tonnerre, Toul, Toulon, Toulouse, Tours, Tulle, Valencienne, Valogne, Vannes, Verdun, Vic, Vitry-le-François.

Beaucoup de ces corporations se trouvaient unies à une ou plusieurs autres; les orfévres de Noyon étaient réunis aux chapeliers de cette ville; les orfévres de La Fère étaient réunis aux potiers d'étain, aux chaudronniers, serruriers, taillandiers et maréchaux.

Il n'en était pas de même à Paris; dès saint Louis, les orfévres s'étaient séparés d'un grand nombre d'industries ayant même de l'analogie; les orfévres étaient demeurés seuls, sans rapports avec les cristalliers ou lapidaires, les batteurs d'or, les patenôtriers, les brodeurs en or froid; les monétaires étaient dans la dépendance du roi; les potiers d'étain, les hanapiers, les fermailleurs, les boîtiers, formaient des corporations distinctes des orfévres. En province, l'insuffisance des membres d'un même métier, pour former une communauté, explique la réunion de plusieurs sous une même bannière.

En dehors de la bannière sur laquelle figurait un blason formé ou d'une pièce héraldique ordinaire, comme celui d'Aix, ou d'instruments de travail, comme celui d'Alençon, ou des produits de leur industrie, comme celui de Digne, chaque corporation avait encore un poinçon. Boulogne avait un chapeau, Angers une raquette, Coutances un encrier, Châtillon-sur-Seine une tour. Chaque orfévre avait en outre une marque particulière qui variait à l'infini; elle devenait, par la suite des temps, comme une espèce de blason dont la famille tirait vanité.

Chaque époque de l'histoire de l'orfévrerie semble avoir un caractère particulier; jusqu'au xive siècle, l'orfévrerie religieuse domine; très-lourde d'abord, elle adopta les formes architecturales de l'art gothique pour finir par s'épanouir dans les délicatesses de la Renaissance; majestueuse sous le grand roi, elle devient mièvre sous son successeur, comme si elle avait un pressentiment de sa décadence prochaine, décadence qui devait être l'œuvre de la physiocratie moderne.

Les économistes devaient renverser cet ordre de choses qui avait été si fécond en bons résultats. En effet, si on laisse de côté l'esprit de monopole, qui semble propre à toutes les sociétés, esprit qui leur faisait proscrire les étrangers, pour n'admettre dans leurs rangs qu'un certain nombre d'artisans, rompus à tous les secrets du métier par un long apprentissage, et pouvant prouver par le chef-d'œuvre qu'ils étaient dignes de devenir maîtres, les corporations n'en ont pas moins été, dans leur temps, un des plus utiles éléments de civilisation. C'est à cet esprit d'union qui réglait les rapports d'apprentis à maîtres, d'artisans à patrons, que furent dûs ces progrès rapides dans tous les arts et dans toutes les industries; c'est cette sage réglementation du travail qui permit de faire tenir à la France un rang dont, après tant de secousses, elle ne semble pas encore déchue.

Si, laissant de côté toutes les autres branches de l'industrie et des arts, nous nous renfermons dans notre sujet, l'orfévrerie, il est facile de nous convaincre que les progrès constants qu'on a pu constater à toutes les époques, lorsqu'il s'est agi de la mise en œuvre des métaux précieux, n'est dû qu'à cet esprit d'association et de concorde qui paraît l'essence même des corporations.

Jusqu'à Turgot le démolisseur, comme les étapes du chemin parcouru ont été bien remplies! Si le couvent de Limoges et la maison de madame Sainte-Aure à Paris contenaient en germe les corporations du xiiie siècle, comme elles ont pris soin elles-mêmes, sous le règne de saint Louis, de justifier leur nécessité! A l'orfévrerie purement religieuse, si massive qu'elle semble encore subir l'influence des traditions romaines qui achèvent leur décadence à Constantinople, les corporations inaugurent, dans leurs calices, dans leurs reliquaires, dans les châsses destinées aux autels, dans les monstrames qui servent aux processions, une industrie véritablement nationale, en ce sens qu'ils vont prendre les modèles autour d'eux. La florissante cathédrale gothique, avec ses hautes flèches, ses porches tout peuplés de statues, ses floraisons fantasques, ses arcs-boutants si hardis, devient pour les corporations d'orfévres le type qui va lui permettre d'exécuter tant de merveilles. Le passant retrouvera sur les épaules des membres de cette corporation, les jours de fêtes, toutes ces églises d'or et d'argent qui semblent le disputer en élégance au géant de pierre qu'il ne peut se lasser d'admirer. Mais l'introduction de l'orfévrerie civile ne tarde pas à donner à l'esprit d'invention des orfévres un nouveau courant, sans parler de la vaisselle, qui dans le xive siècle est déjà fort nombreuse et admirablement travaillée ; l'art de l'orfévre se répand en mille fantaisies dont les inventaires de Charles V et du duc d'Anjou donnent une idée à peu près complète. Et, comme l'émaillerie ne voulait pas rester en arrière de l'orfèvrerie sa sœur, les artisans de Limoges substituent l'émail champlevé à leurs lourdes décorations byzantines.

La Renaissance, avec ses artistes italiens, si féconds en combinaisons gracieuses, ne fait qu'ajouter au sentiment artistique des corporations françaises un aliment nouveau ; elles rivalisent, à Paris comme à Limoges, à qui enrichira de plus des chefs-d'œuvre les églises et les habitations des grands. Le bijoux, ce complément de la parure, devient lui-même si parfait de forme, si merveilleux de détails, qu'il paraît même aujourd'hui encore sans rival.

La Renaissance fut sans aucun doute la plus belle époque des corporations d'orfévres, elle nous préparait aux somptuosités un peu lourdes du règne de Louis XIV, après lequel l'art semble vouloir se perdre dans les mille détails du genre qu'on est convennu d'appeler le rococo, qui devait servir de préface à l'orfévrerie moderne, qui allait faire revivre tous les genres, toutes les époques ; mais, avant, un formidable événement s'était accompli.

Dès 1775, on parlait de la suppression des corporations, c'était le rêve du physiocrate Turgot devenu ministre, lequel se vit aidé dans son œuvre par les opuscules de Bigot de Sainte-Croix et autres. Son premier acte d'hostilité fut la déclaration qui rendit libres de toutes attaches corporatives les polisseurs d'acier et les verreries de Normandie.

Puis les coups se succédèrent rapidement. En 1776, un premier édit déclara les corvées abolies ; il est vrai qu'on prenait soin de les rétablir par les contributions des propriétaires soumis à l'impôt du vingtième, et que les physiocrates préparaient pour l'avenir les prestations en nature que représentent exactement les anciennes corvées.

Par le second, sous prétexte de ne pas nuire aux approvisionnements, on supprima, avec les règlements qui les régissaient, quelques droits onéreux. Les offices des ports, halles et marchés, furent supprimés par le troisième édit, mais le roi devait percevoir les droits jusqu'au remboursement des titulaires.

Le quatrième prononça, avec la suppression des maîtrises et jurandes, l'abolition de toutes les corporations, tant à Paris que dans la province, et, pour rendre le mal plus considérable et désespérer tous les industriels et ouvriers, il fut permis à tout étranger d'exercer non-seulement un, mais plusieurs métiers à la fois.

Dans chaque quartier cela devait évidemment être fait, mais à la longue, afin d'éviter les désordres qui ont tué nos anciennes industries nationales avec l'aide de la révolution, les intérêts des artisans, se trouvèrent représentés par un syndic et deux adjoints. On ne laissa debout que quelques corporations, les barbiers, orfévres, pharmaciens et libraires, dont le sort devait être ultérieurement réglé.

La chute de Turgot, arrivée le 12 mai 1776, ne fit que retarder la mise à exécution de projets que les physiocrates, ses successeurs et amis, se chargèrent d'exécuter.

XIII

OBLIGATIONS DE MÉTIER.

Les corporations d'orfévres, ainsi que toutes les autres, avaient introduit dans le métier certaines honnêtes prohibitions, qu'on était tenu de respecter. Ainsi il était défendu de mettre sous aucun prétexte, des feuilles de métal vertes ou violettes, sous les améthystes et les émeraudes, de mêler les perles d'Écosse à celles de l'Orient, de frapper au marteau des ornements qui ne fussent pas pleins ou massifs. Cependant ces règles ne furent pas invariables, à en juger par ce qui nous reste de joyaux d'églises de ces époques lointaines.

Les corps de métier qui ne connaissaient malheureusement pas les bienfaits de la fédération tinrent surtout au monopole, qui était la seule façon d'éloigner les concurrents ; on ne pouvait ouvrir boutique qu'après un long apprentissage ; apprentissage qui avait pour résultats d'assurer l'habileté des maîtres et la bonne exécution des produits. Le XIVe siècle imposa à l'apprenti le chef-d'œuvre, qui était comme l'épreuve dernière pour arriver à la maîtrise. Le chef-d'œuvre devint la règle générale de tous les corps de métiers. Sans le chef-d'œuvre, pas de maîtres ; qui se sent incapable de le produire et de le faire accepter, devra rester toute sa vie ouvrier.

L'obligation du chef-d'œuvre se trouva inscrite au commencement des statuts de chaque corporation. On devait exécuter le chef-d'œuvre, dans la maison d'un des jurés chargés de le juger, ou dans un endroit désigné par eux. A Angers, cette règle était toujours observée, l'aspirant à la maîtrise se logeait dans la maison d'un maître du métier, payait le loyer d'une chambre, et s'enfermait pour travailler seul. Lorsqu'il était obligé de sortir, il devait remettre la clef de sa chambre au maître de la maison ; qui jurait de son côté de ne laisser pénétrer personne dans la chambre ou se fabriquait le chef-d'œuvre, si ce n'est les maîtres, qui venaient savoir où en était le travail. On punissait d'une forte amende, celui qui violait cette loi. Cependant, malgré cette apparence de secret, la fraude était des plus faciles, si l'ouvrier demeurait seul dans sa chambre, il ne lui était pas interdit de consulter ses camarades au dehors ; dans certains états, le postulant pouvait s'adjoindre un aide.

MAITRISE.

Enfin, le chef-d'œuvre terminé, les jurés s'assemblaient pour le juger, si leurs délibérations étaient favorables au candidat, ils se rendaient devant le maire de la ville, ou devant un juge royal, et certifiaient par écrit de sa capacité. Après un serment prêté de se conformer aux règlements et statuts de la corporation, l'ouvrier était reçu maître.

Il payait alors une certaine somme à la confrérie pour l'entretien d'un cierge, un autre aux jurés, pour les indemniser du temps perdu pour sa réception. Il devait également donner de l'argent au maître dans la maison duquel s'était produit le chef-d'œuvre, et des honoraires au magistrat qui avait présidé à sa réception ; un grand banquet, auquel il conviait tous ceux qui l'avaient assisté, clôturait cette série d'obligations. Les fèvres ou orfévres devaient dix sous à leur confrérie, dix sous aux maîtres.

CHAMBRE SYNDICALE DE L'ANCIENNE CORPORATION DES ORFÉVRES DE LA VILLE DE PARIS.

Les élections des syndics des orfévres de la ville de Paris se faisaient dans le local du grand bureau de la corporation ; ce local a été tour à tour situé depuis le xiiie siècle dans les maisons des Trois-Ponts, au Change, Petit-Pont, et pont Notre-Dame, dont les locaux étaient en général occupés par les maîtres et compagnons de la corporation ; puis la maison commune ou corporative des orfévres de la ville de Paris s'établit définitivement au xve siècle, rue des Orfévres, au coin de la rue Jean-Lantier, où elle existe encore.

Les assemblées, tant générales que syndicales, se tenaient dans les salles du grand bureau, ainsi que toute l'administration des intérêts généraux de la corporation, les bureaux des conciliations et expertises, ainsi que les séances civiles des trois confréries.

Ces trois confréries ne s'occupaient pas des branches de la profession, ni des multiples intérêts qui s'y rattachaient, mais elles s'occupaient simplement de tout ce qui regardait le côté religieux et fraternel, c'est-à-dire des œuvres pies, des fêtes, de la distribution des secours et pensions votées par les syndics d'après les droits acquis, etc., ainsi que de tout ce qui va être expliqué à l'article Confrérie, le tout sous l'invocation d'un saint, qui a été en premier lieu, comme nous l'avons dit, saint Martial et ensuite saint Éloi.

Les trois confréries des orfévres de la ville de Paris, qui existaient au xviiie siècle, accomplissaient leurs services religieux : 1° à l'église Notre-Dame de Paris ; 2° à l'église Montmartre ; 3° à l'église du Blanc-Mesnil, près le Bourget. Dans chacune de ces trois églises, elles avaient une chapelle qui était complétement affectée aux services de la corporation, ces chapelles étaient sous le vocable de leur patron, excepté pourtant celle du Bourget qui avait sa dévotion particulière à la sainte Vierge.

Les élections syndicales de toutes les corporations en général se faisaient le premier jour de mai, elles se répétaient à la sainte Anne, pour remplacer les vacances par démissions, élections annulées, etc., etc. — Les compagnons de la corporation décoraient de fleurs, pendant la nuit, la porte de la maison des élus, et plantaient quelquefois devant leurs demeures des arbres ornés de fleurs et de rubans.

Quand on réfléchit à tous les éléments de bien-être, d'instruction, de solidarité et de sécurité publique que contenaient les familles de travailleurs, on se demande involontairement, quelle a pu être la pensée des hommes qui ont détruit les institutions qui motivaient des fêtes aussi patriarcales et aussi fraternelles, car il y a bien loin de la nature de ces relations à celles qui existe entre les ouvriers et patrons du règne de l'individualisme.

Le syndic, qui avait obtenu le plus de voix aux élections de mai, était généralement échevin de la ville de Paris.

Les grands gardes du métier étaient aussi choisis annuellement dans les syndics élus, mais ces derniers faisaient tous partie du grand bureau de la corporation sous la présidence du syndic échevin, lequel, dirigeant et présidant à toutes les affaires de la corporation, pouvait en toute connaissance de cause aller plaider en faveur de ses intérêts dans le conseil municipal de la ville de Paris.

Ceci représente un fonctionnement social naturel et rationnel; en effet, tout se relie, tout est logique dans une semblable organisation; le peuple en général était bien le véritable directeur de ses propres affaires, tandis qu'aujourd'hui, avec la séparation exagérée de tous les pouvoirs et fonctions secondaires, avec les incompatibilités et toutes les diverses élections à toutes les différentes directions sociales, il n'y a plus aucune unité,

c'est une cacophonie administrative qui fonctionne forcément et, pour ainsi dire, aveuglément, par la division
qui est apportée partout contre les intérêts généraux de
la nation.

Cette division générale de toutes les forces du pays,
mises pour ainsi dire en lutte les unes contre les autres,
n'a que l'avantage de constituer un pouvoir fort, car tout
semble avoir été divisé en France, par les hommes de la
Révolution, afin d'arriver à régner plus facilement.

Quand je dis avantage, c'est pour me placer un moment au point de vue des Constituants de la Révolution,
car cet avantage d'un pouvoir fort établi sur les débris de
toutes les directions sociales naturelles dans les villes,
a été la cause unique de tous les malheurs et de toutes
les faiblesses de la France.

*
* *

Pour en revenir aux syndicats de la corporation des
orfévres, je crois devoir citer un fait, qui prouvera, avec
sa richesse, la protection éclairée qu'elle se plaisait d'ac-
corder aux artistes.

Depuis les temps les plus reculés, tous les syndics
élus, bien que leurs fonctions fussent absolument gra-
tuites, avaient l'habitude de faire un don en argent pour
les pauvres de l'église métropolitaine de Notre-Dame;
ces dons avaient lieu pendant les fêtes de confréries qui
suivaient les élections de mai.

Mais, en 1630, les syndics décidèrent de continuer sur
la caisse de secours de la corporation les dons annuels
pour les pauvres, et de transformer leurs dons person-
nels en un tableau donné annuellement à l'occasion des
élections et dont l'exécution serait confiée à un des peintres de Paris qui méritait le mieux des encouragements.

Voici la liste de ces dons magnifiques, avec les noms des peintres :

INVENTAIRE GÉNÉRAL DES TABLEAUX VOTIFS

Présentés par MM. les orfévres-joailliers de Paris, depuis le premier jour de mai de l'année 1630 jusqu'à l'année 1704, avec les noms des peintres qui les ont faits.

1	1630	Le boiteux à la porte du temple,	L'ALLEMAND.
2	1631	Le miracle de la sainte Vierge,	LE MOINE.
3	1632	La mort d'Ananis et Saphira sa femme,	S. VOUET.
4	1633	Saint Etienne priant pour ceux qui le lapident,	L'ALLEMAND.
5	1634	La descente du Saint-Esprit,	BLANCHARD.
6	1635	Saint Pierre qui guérit par son ombre les malades,	DE LAHIRE.
7	1636	Saint Paul dans l'Aréopage,	DE VESTAIN
8	1637	La conversion de saint Paul,	DE LAHIRE.
9	1638	Louis XIV faisant hommage de sa couronne à Jésus-Christ et présenté par Sa Majesté en 1638,	P. DE CHAMPAGNE.
10	1638	L'Ennuque baptisé par saint Philippe diacre,	VIGNON.
11	1639	Le centenier Corneille aux pieds de saint Pierre,	S. VOUET.
12	1640	La délivrance de saint Pierre,	VOUET jeune.
13	1641	La mort de saint Jacques le Majeur,	PRÉVOST.
14	1642	Le premier sermon de saint Pierre,	ZERSON.
15	1643	Le martyre de saint Pierre à Rome,	S. BOURDON.
16	1644	Saint Paul et saint Barnabé refusant le sacrifice du peuple de la ville de Lystre,	CORNEILLE aîné.
17	1645	Le baptême de saint Paul par Ananie,	ERRARD.
18	1646	Le miracle de saint Paul dans Éphèse,	BOULOGNE père.
19	1647	Le martyre de saint André,	LE BRUN.
20	1648	Le martyre de saint Siméon,	BOULOGNE père.
21	1649	Les Gentils brûlant leurs livres de magie dans Éphèse,	LE SUEUR.
22	1650	Saint Paul convertissant le Proconsul,	LOIR.
23	1651	Le martyre de saint Étienne,	CH. LE BRUN.

24 1652 Thabita ressuscitée par saint Pierre,   MÉTELIN.
25 1653 Le naufrage de saint Paul dans l'île de
        Malte ,   PERSON.
26 1654 Lydie baptisée,   HEIMS.
27 1655 La flagellation de saint Paul et Silas, TETELIN.
28 1656 Saint Paul devant le roi Agrippa,   VILLEQUAIN.
29 1657 Le martyre de saint Paul,   BOULOGNE père.
30 1658 Le baptême de Corneille,   CORNEILLE.
31 1659 Thabita morte,   DUDOT.
32 1660 Le martyre de saint Barthélemy,   PAILLET.
33 1661 Saint Jacques le Majeur guérissant un
        paralytique,   CORNEILLE.
34 1662 Saint Jean l'Évangéliste jeté dans une
        chaudière,   ALLÉ.
35 1663 Le ravissement de saint Philippe,   BLANCHET.
36 1664 L'apparition de Jésus-Christ à saint
        Pierre,   SOURLAY.
37 1665 Simon le magicien,   HEIMS.
38 1666 Saint Paul et Silas en prison,   MONTAGNE.
39 1667 Saint Paul lapidé dans la ville de Lystre, P. DE CHAMPAIGNE.
40 1668 Saint Barthelemy délivrant la princesse
        d'Arménie du démon,   VIGNON.
41 1669 Notre-Seigneur Jésus-Christ montant au
        ciel,   BOULOGNE père.
42 1670 Saint André à genoux devant sa croix,   BLANCHARD.
43 1671 La conversion de saint Denis à Athènes, CANY.
44 1672 La vocation de saint André et de saint
        Pierre,   CORNEILLE.
45 1673 Le paralytique guéri par Jésus-Christ,   JOUVENET.
46 1674 Hérodias perçant la langue à saint Jean-
        Baptiste,   HODRAN.
47 1675 Saint Etienne conduit au martyre,   HONASSE.
48 1676 Saint Paul et saint Barnabé se séparant, BALLIN.
49 1677 La résurrection de Lazare,   VERDIER.
50 1678 Le paralytique sur le bord de la piscine, BOULOGNE aîné.
51 1679 Saint Pierre en prison délivré de ses
        chaines,   CORNEILLE jeune.
53 1680 L'Assomption de la Sainte Vierge,   COYPEL.
53 1681 Les noces de Cana,   COTELLE.
54 1682 Le baptême de saint Jean,   ALEXANDRE.
55 1685 Notre-Seigneur sur la montagne,   PERSON fils.
56 1686 Le Centenier,   BOULOGNE jeune.
57 1687 Notre-Seigneur chassant les marchands
        du temple,   HALLÉ fils.

58	1688	Le prophète,	Chéron.
59	1689	La résurrection de la fille de Jaïre,	De Vernansal.
60	1690	Hérodias,	Chéron.
61	1691	La résurrection du fils de la veuve de Naïm,	Guillebault.
62	1692	Notre-Seigneur guérissant plusieurs malades,	Alexandre.
63	1693	Notre-Seigneur apparaissant aux Apôtres,	Arnault.
64	1694	Saint Jean prêchant dans le désert,	Parocel.
65	1695	La Samaritaine,	Boulcgne.
66	1696	Le miracle des pains,	Christophe.
67	1697	L'apparition de Notre-Seigneur aux trois Marie,	Marot.
68	1698	L'adoration des Rois,	Vivien.
69	1699	Le repentir de saint Pierre,	Tavernier.
70	1700	Le possédé aveugle et muet,	De Vernansal.
71	1701	La femme adultère,	Regnault.
72	1702	Les fils de Sceva, exorcistes juifs, battus par les démons,	Élie.
73	1703	Saint Pierre qui guérit le boiteux à la porte du temple,	Sylvestre jeune.
74	1704	Notre-Seigneur Jésus-Christ qui rend rend visite à sainte Marthe, sœur de sainte Madeleine,	De Saint-Pol.

On peut facilement observer dans cet inventaire que, pendant les années 1683 et 1684, il n'y a pas eu de tableau offert faute d'élections syndicales.

Mais, en 1685, les confréries de la corporation des orfévres présentèrent leurs requêtes au roi à propos des élections qui étaient empêchées par différents motifs.

Alors le roi leur permit d'élire leurs syndics dans la manière accoutumée et de continuer à offrir à la cathédrale, dans les premiers jours de mai, le tableau votif qui était donné tous les ans par les syndics élus à propos de cette solennité.

CONFRÉRIES.

La confrérie se plaçait sous la protection d'un saint, qu'elle honorait dans une chapelle particulière.

Nous la trouvons déjà en germe dans les statuts du xiiie siècle. Saint Martial était déjà le patron des orfévres bien avant. Philippe le Bel trouva les confréries si nombreuses, qu'il crut devoir les proscrire par une ordonnance de juillet 1369.

A la fin du xive siècle, les confréries étaient devenues la loi générale de tous les corps de métiers.

Des ordonnances royales les confirmèrent toutes dans leurs priviléges. « *Les statuts des corps de métiers, dit M. Levasseur, ne s'adressaient en quelque sorte qu'au citoyen et à l'artisan. Ceux de la confrérie s'adressèrent à l'homme et au chrétien.* » La confrérie faisait des hommes d'un même métier une famille, qui se réunissait tout entière pour fêter le saint dans sa chapelle, et pour célébrer en son honneur de joyeux banquets. La confrérie était distincte du métier et on voyait quelquefois deux ou trois métiers avoir un saint patron commun. Dans une même ville, les artisans d'un même quartier se réunissaient dans une même confrérie. Les orfévres eurent quatre confréries : celle de Saint-Denis et de Saint-Éleuthère, une autre dont les fêtes se célébraient à Notre Dame de Blancmesnil, près de Paris, celle de Sainte-Anne et de Saint-Marcel existait à Notre-Dame, en 1447, et celle du Mai, qui avait une chapelle dans cette même église et qui finit par n'en faire qu'une avec la précédente.

LA CHAPELLE DE CONFRÉRIE.

La confrérie excluait de son sein les étrangers dans quelques villes, tous les gens d'un même métier étaient tenus d'en faire partie. Quittant même le métier, les artisans demeuraient unis à leur ancienne confrérie par des liens d'amitié. Quelquefois on admettait, par exception, dans la confrérie, des personnages illustres, qui jouaient vis-à-vis d'elles le rôle de protecteurs ou de patrons, comme leurs devanciers des antiques colléges de Rome et comme cela se pratique encore en Angleterre, où le prince de Galles, par exemple, est membre honoraire de l'ancienne corporation des poissonniers.

Par leurs présents, la chapelle était toujours décorée d'une image ou d'une statue, représentant le patron : celui des orfévres était saint Éloi. On retrouvait son image peinte sur la bannière de la confrérie, qui tenait à honneur de décorer somptueusement sa chapelle. « *En 1490, le mobilier de la chapelle de saint Éloi se composait : d'un calice en or et d'un autre en argent doré, de deux riches chasubles, de deux beaux chandeliers, de deux burettes d'airain, d'un pupitre, de plusieurs coffres, de tout le linge nécessaire au service de l'autel ; et, cette même année, les orfévres achetaient encore de nouveaux ornements.....* » *(Archives de l'Empire,* K, 999.)

LE DRAP DE CONFRÉRIE ET LE CIERGE.

Outre le mobilier, que nous venons d'énumérer, et qui était à peu près le même pour chaque confrérie, on était tenu d'avoir un drap qui servait pour l'enterrement

des membres, et un cierge richement orné, qu'on faisait
figurer dans les processions ; sa grosseur, sa grandeur,
sa décoration, devenaient autant de sujets de rivalité
pour les diverses confréries.On assistait, dans la chapelle,
à toutes les messes en l'honneur du patron, aux enterrements des membres ou des parents des membres. Sous
peine d'amende, on ne pouvait s'abstenir de paraître aux
cérémonies de confrérie, sans excuse légitime.

ENTERREMENTS ET NOCES.

Un membre d'une confrérie venait-il à mourir, son
corps devait être veillé toute une nuit, par quelques
confrères. Les cérémonies pour les funérailles se prolon-
geaient une grande partie du jour. On était prévenu du
jour d'une réunion par le sergent de la confrérie, on
devait se trouver à l'heure fixée, en costume de fête, paré
des insignes de la corporation, dans un endroit convenu.
Pour une noce, toute la confrérie qui assistait à la messe,
prenait souvent part aux réjouissances qui devaient suivre..... Dans un enterrement le mort était porté au cime-
tière sur les épaules des confrères, et les parents devaient
offrir à boire à tous les invités.

LE PAIN BÉNIT.

Les grandes solennités étaient celles du pain bénit ou
de la fête du patron, les processions, les royales entrées
ou les enterrements des princes. Les confréries entières
y prenaient souvent part. Le pain bénit était porté en
pompe à l'église par des confrères singulièrement vêtus,

les confrères suivaient en armes, le plus souvent des tambourins et des fifres faisaient entendre des airs joyeux. La messe dite, la confrérie se rendait dans l'hôtellerie, où devait se faire le festin.

LA FÊTE DE MAI.

Les orfévres célébraient la fête de Mai avec une très-grande pompe. Au mois d'avril, on procédait à l'élection du prince de Mai ; le 30, tous les membres, conduits par le prince, se rendaient en procession à Notre-Dame. Au milieu du cortége, on portait un arbre vert, dont toutes les branches étaient agréablement décorées. L'arbre bénit était planté en terre devant le portail ; il y demeurait jusqu'à l'année suivante, où un autre venait le remplacer (1). On offrait à la chapelle un objet d'orfévrerie, un tabernacle somptueusement drapé, ou quelque magnifique peinture.

Les offrandes suivaient le Mai, elles étaient portées au milieu des confrères, portant tous le même costume, marchant sur deux rangs, un cierge à la main. Le cortége faisait entendre durant la marche des psaumes, des hymnes et même des ballades dont quelques-unes sont gracieuses.

LA PROCESSION DE L'ASCENSION.

Le jour de l'Ascension, les confréries de Sainte-Anne et de Saint-Marcel se rendaient à la cathédrale, portant la

(1) C'est de cette coutume que vient celle de planter des arbres de la liberté.

châsse de saint Marcel. Les gardes de l'orfévrerie s'y faisaient voir en robe consulaire de drap noir, collet et manches pendantes, avec bordures et parements de velours noir, quelquefois ces mêmes gardes revêtaient la robe cramoisie, insigne de l'échevinat. Les douze porteurs de la châsse étaient choisis parmi les maîtres et désignés sous le nom de Messieurs de Saint-Michel. Pendant la procession, deux des confrères portaient la châsse, que d'autres soutenaient, crainte d'accident ; quatre tenaient étendu au-dessus d'elle, un dais magnifique ; les douze porteurs étaient nu-tête, mais le front ceint d'une couronne de roses.

Au retour de la procession, la confrérie confiait le précieux dépôt au chapitre de Sainte-Geneviève, qui leur donnait le privilége de porter la châsse de la sainte.

Les blasons des confréries jouaient un très-grand rôle dans toutes ces solennités, on les brodait sur les bannières, ils étaient presque tous parlants et représentaient un des outils de la confrérie, ou un des objets fabriqués par elle. Au xviiᵉ siècle, les orfévres de Paris refusèrent les armes que voulait leur octroyer le roi Louis XIII, pour conserver l'antique blason qu'ils prétendaient tenir de Philippe le Bel et que nous avons décrit plus haut.

Les entrées souveraines servaient de prétexte aux déploiements de toutes les pompes des confréries. Lorsque tous les membres n'y assistaient pas, on envoyait une délégation. Une ordonnance royale enjoignait souvent aux maîtres des corporations de figurer dans le cortége, mais réglait encore jusqu'aux détails du costume qu'ils devaient porter.

Cette réglementation à outrance, venant du pouvoir et qui se produisait depuis des siècles à propos de tout, est évidemment la source de presque tous les abus des anciennes corporations.

Les abus des anciens corps d'arts et métiers venaient donc à peu près tous du pouvoir, mais ce qu'il y a de plus original dans le lugubre drame de leur destruction, c'est que le pouvoir a pris pour prétexte les abus dont il était à peu près seul l'auteur.

Il est certain que les corporations n'auraient pas eu d'abus si la liberté leur avait été donnée depuis l'époque où elles l'avaient largement méritée, c'est-à-dire depuis Louis XI, à l'époque duquel elles ont sauvé la patrie sous les bannières que ce roi leur avait données.

CAISSES DE SECOURS ET DE PRÉVOYANCE.

La mutualité était la base effective de toutes les anciennes corporations d'arts et métiers en général.

Il me paraît évident qu'une des pensées d'Étienne Boileau en organisant les familles du travail, a été de déposer dans tous les centres du commerce et de l'industrie de la France, le culte des principes de l'intérêt général, afin de faire contre-poids dans l'avenir à la féodalité dont les principes reposaient sur l'entière glorification des intérêts privés.

Il ne faut pas oublier que le centre exclusif de tous ces intérêts privés est la famille du sang, tandis que le centre exclusif de tous les intérêts généraux est la famille du travail; c'est le déplacement partiel de ces centres au profit de quelques familles consanguines qui représente le grand élément de mort de toute la société issue de la Révolution française.

En effet, l'état social issu de la révolution doit être essentiellement transitoire, cela nous est démontré parce que la société française est véritablement dans des souffrances intermittentes depuis longtemps ; son état maladif lui vient certainement des luttes continuelles que se livrent entre eux tous les citoyens ou groupes de citoyens, ainsi que les partis politiques ; tout cela se produit par le vide fait dans la société française, depuis la destruction des droits à l'association professionnelle, c'est-à-dire en l'absence des centres naturels de conciliation qui existeraient au milieu d'une organisation générale du travail et de tous les multiples intérêts des hommes.

La bataille universelle de tous les intérêts présente depuis longtemps à tous les yeux ce désolant spectacle à tous les degrés de l'échelle sociale.

Batailles parlementaires ou Ote-toi de là que je m'y mette !

Batailles entre les partis politiques.

Batailles entre les journaux.

Batailles entre le capital et le travail, entre le client et le fournisseur, entre le patron et l'ouvrier, entre le propriétaire et le locataire, entre l'administrateur et l'actionnaire, entre les associés du commerce et de l'industrie, entre l'imposeur et l'imposé, etc., etc., enfin, entre tous les producteurs et les travailleurs exploités ; malheureusement, au milieu de toutes ces luttes, la conciliation n'est nulle part à l'état officiel, pour légitimer, expliquer et circonscrire équitablement tous les droits, mais, en revanche, le procès est partout ; le procès, c'est-à-dire les luttes, les haines et les profondes rivalités entre les familles, les citoyens et les classes de la société.

Mais, pour en revenir aux caisses de secours et de prévoyance de la corporation des orfévres français, nous disons :

Dans les statuts et priviléges des corporations du moyen âge, il n'existe de prévu en fait de secours que ceux relatifs aux maîtres ; ces derniers s'obligeaient de se secourir entre eux, comme va nous l'apprendre un de leurs vieux règlements.

ANCIENS STATUTS DES ORFÉVRES DE PARIS.

Art. XIII.

Hospitalité exercée envers les pauvres du corps en la maison commune.

« Les pauvres maîtres orfèvres et veuves de maîtres, seront reçus et logés par les gardes en charge dans la maison commune de l'orfévrerie, qui est en même temps la maison hospitalière des dits pauvres ; lesquels y seront reguillèrement et le plus abondamment assistés que faire se pourra par les dits gardes, du produit annuel des aumônes du corps, et des autres fonds pieux destinés à cette œuvre. »

Il faut bien observer ici que l'orfévrerie, par la richesse des matières employées et par la valeur artistique des objets de sa fabrication, était une des plus aristocratiques corporations des anciens temps ; pour ces motifs, c'était encore elle qui avait le moins besoin d'un grand nombre de compagnons, les maîtres orfévres étaient à peu près tous de grands artistes, qui en occupaient d'autres à créer leurs modèles et qui n'avaient besoin, même pour faire un grand chiffre d'affaires, que d'un apprenti et de un ou deux valets ou compagnons, il n'est donc pas étonnant que leurs anciens règlements et statuts n'aient prévu l'assistance mutuelle que vis-à-vis des maîtres entre eux et vis-à-vis de leurs familles.

Mais aussitôt que Louis XI eut armé sous les mêmes

bannières les maîtres et les compagnons des corps d'arts
et métiers de la ville de Paris pour l'aider à vaincre la
ligue du Bien public, une espèce d'égalité devant le travail naquit de cette grande émancipation populaire,
aussi les caisses de secours et de prévoyance au profit
des compagnons des corporations datent presque toutes
de cette époque.

Les caisses de secours des compagnons des corporations paraissent être spéciales à chacune des branches
de tous les divers métiers; au XVIIe siècle, on constate
dans l'orfévrerie, la caisse des potiers d'argent, celle des
cuilleriers et celle des bijoutiers; nous disons plus loin
que celle des cuilleriers fonctionnait encore en 1825, rue
Saint-Honoré, où elle secourait toujours les anciens compagnons cuilleriers qui vivaient encore à cette époque.

Il est certain que les excellents principes de solidarité,
de morale et de mutualité, que contenaient les corps d'arts
et métiers en général et la corporation des orfévres de la
ville de Paris en particulier, avaient grand besoin, au
XVIIIe siècle, d'être élargis et rendus complétement libres,
afin de les mettre au niveau du rayonnement scientifique
et littéraire qui a éclairé les dernières années de l'ancien
régime.

Mais de là à détruire ces institutions séculaires qui
contenaient, malgré tous leurs abus, le grand droit naturel des peuples, il y a un abîme, et c'est évidemment
dans l'abîme creusé par leur anéantissement que se sont
formées toutes les révolutions qui accablent et ruinent la
France depuis environ quatre-vingt-cinq ans.

*
* *

Les caisses de secours et de prévoyance des compagnons de l'ancienne corporation des orfévres de la ville

de Paris se composaient donc des cotisations de ses maîtres et compagnons.

En plus, les sommes payées dans les réceptions des maîtrises, les dons de toute espèce par testament ou autrement, ainsi que les revenus de quelques priviléges qui lui avaient été accordés à différentes époques, formaient dans les temps prospères de fort belles ressources à toutes les branches de la corporation des orfévres.

Ces caisses étaient tenues par les syndics délégués de la corporation ou sous leurs ordres immédiats, mais la distribution des secours de toute nature se faisait généralement par les dames des syndics, ainsi que par celles des maîtres les plus aisés.

Il ne faut pas réfléchir bien longtemps pour comprendre tous les éléments de paix, de concorde et de solidarité, que contenaient les secours mutuels de toute nature distribués ainsi aux familles des compagnons et maîtres de la corporation par les femmes et les enfants des plus riches d'entre eux ; il faut remarquer aussi comme la femme est bien à sa place dans cette mission toute de cœur !

Mais il faut bien comprendre également que les secours, distribués par les femmes et les filles des maîtres, n'étaient pas des aumônes, c'était un droit acquis noblement par les cotisations de tous les membres de la corporation ; néanmoins les mains qui les portaient, leur donnaient un prix inestimable, c'est-à-dire celui que sait donner le cœur de la mère de famille et de la femme accomplissant la fraternité et la solidarité pratiques.

Il est facile de voir que les femmes qui portaient ces secours, donnaient en même temps des consolations et des encouragement qui en doublaient la valeur effective ; leur présence près de ceux qui souffraient, incrustait de plus en plus dans tous les cœurs la religion de la famille, qui est le plus précieux élément de toutes les civilisations avec la preuve de la solidarité qui existait réellement entre tous les membres des corporations, quels que soient du reste leur intelligence ou leur position de fortune.

Malgré cela, des abus se sont glissés là comme ailleurs.

Nous avons dit que le principe fédératif avait manqué aux anciennes corporations.

En effet, de grands procès avaient lieu entre elles, à propos de concurrence, de droits de métiers, etc., etc. Et pas un conseil syndical supérieur n'avait été prévu pour concilier ces regrettables différents !

Les frais de tous ces procès se prélevaient souvent sur les caisses de secours et de prévoyance, ce qui était fâcheux à tous égards, mais surtout en principe, car il était détestable de voir les ressources destinées au soulagement de toutes les souffrances servir à alimenter les luttes intérieures, représentées par les procès interminables que les corps d'arts et métiers se faisaient entre eux.

Malgré cela, jamais depuis la fin du xvie siècle, il n'a été signalé dans aucune corporation qu'une souffrance ait manqué de secours, et l'on peut dire hardiment que la hideuse misère n'a pas atteint les familles des laborieux ouvriers des anciens corps d'arts et métiers.

Malgré les procès, les caisses de secours des corporations étaient si bien garnies en 1789, que celles des cuilleriers, qui était une branche de l'orfévrerie, distribuait encore des secours, rue St-Honoré, en 1825, aux anciens cuilleriers de l'orfévrerie qui existaient encore. Les anciens orfévres de Paris doivent parfaitement se le rappeler, car je tiens ce détail de l'un d'eux, Dominique Girard.

COMMENT L'AUMONE ÉTAIT PRATIQUÉE PAR LES CORPS D'ARTS
ET MÉTIERS.

Dans toutes les séances ou assemblées corporatives,
soit des syndicats, soit des compagnons, soit des maîtres
et compagnons réunis, etc., soit encore des confréries
en séances civiles, religieuses ou de bienfaisance, la
boîte de la confrérie circulait afin de recueillir des offrandes qui s'appelaient des *Deniers-Dieu*, et que les maîtres ou compagnons s'empressaient d'y déposer, chacun
selon ses moyens.

Les matinées du dimanche étaient souvent employées,
avec permission, à travailler au profit des caisses de secours et de prévoyance.

Ces caisses recevaient aussi la plus grande partie des
sommes que coûtait l'acquisition de la maîtrise aux
compagnons, mais si les compagnons payaient encore
avec plaisir une somme relativement très-forte, et cela
après avoir largement gagné la maîtrise par un chef-
d'œuvre de travail qu'ils avaient exécuté, c'est qu'ils
connaissaient la noble destination de cet argent, lequel
devait servir au besoin à les secourir, s'ils n'avaient pas
réussi dans leurs entreprises.

Dans la corporation des orfévres de la ville de Paris, il
était encore prélevé entre autres sur ces deniers une
somme suffisante pour donner annuellement un grand
dîner, des secours et des vêtements aux pauvres de
l'Hôtel-Dieu et aux prisonniers du Palais-de-Justice ; le
reste des *Deniers-Dieu* allait grossir les caisses de secours
et de prévoyance de toutes les branches spéciales de la
corporation.

Nous pensons utile de reproduire à ce sujet un article en date de l'an 1260, statut des orfévres (*Règlement sur les Arts et Métiers de Paris*, par G.-B. Depping) :

« Nos orfévre ne peut ouvrir sa forge un jour d'apos-
« tèle, se ele n'eschiet au samedi, lors que un ouvroir
« que chascun ouvre à son tour à ses festes et au diman-
« che ; et quanques s'il gaaigne qui l'ouvroir a ouvert, il
« le met en la boiste de la confrarrie des orfévres, en la-
« quele boiste on met les *Deniers-Dieu* que li orfévre font
« des choses que il vendent ou achatent appartenans à
« leur mestier, et de tout l'argent de cette boiste done
« ou chascun an le jor de Pasques un diner as poures de
« l'Ostel-Dieu de Paris. »

D'après un des registres de la corporation des orfévres de la ville de Paris, commençant en 1536 et finissant en 1596, on lit qu'ils traitèrent, le jour de Pasques 1536, cent dix-huit pauvres de l'Hôtel-Dieu, sans les prisonniers.

En 1537, onze cent cinquante pauvres, sans les prisonniers.

Entre les années 1537 et 1545, les recettes ne permirent pas de secourir les malades.

En 1545, treize cents pauvres, tant malades que prisonniers.

1547, mille pauvres, sans les prisonniers.

1548, mille pauvres, sans les prisonniers.

1549, mille pauvres, sans les prisonniers.

1550, treize cent soixante-quinze pauvres, sans les prisonniers.

1551, quatorze cent quatre-vingts pauvres, sans les prisonniers.

1552, dix-huit cent quatre-vingt-dix-sept pauvres, sans les prisonniers.

1553, seize cents pauvres, compris les prisonniers.

1554, quatorze cents pauvres, compris les prisonniers.

1555, deux mille pauvres, compris les prisonniers.

1556, douze cent soixante pauvres, sans les prisonniers.

1557, deux mille soixante-dix pauvres, sans les prisonniers.

1558, mille cinquante pauvres, sans les prisonniers.

1559, onze cent quarante pauvres, sans les prisonniers.

1560, huit cents pauvres, sans les prisonniers.

1561, onze cents pauvres, sans les prisonniers.

1562, mille quatre-vingt-dix pauvres, sans les prisonniers.

1563, douze cent vingt pauvres, sans les prisonniers.

1564, neuf cent quatre-vingts pauvres, sans les prisonniers.

1565, huit cent cinquante pauvres, sans les prisonniers.

1566, quinze cent quarante-sept pauvres, sans les
prisonniers.

1567, douze cent trente-deux pauvres, sans les prisonniers.

1568, dix-huit cents pauvres, sans les prisonniers.

1569, mille quatre-vingt pauvres, sans les prisonniers.

1570, mille quarante-sept pauvres, sans les prisonniers.

1571, mille pauvres, sans les prisonniers.

1572, onze cent quarante-quatre pauvres, sans les
prisonniers.

1573, treize cent quarante-huit pauvres, sans les
prisonniers.

1574, dix-sept cent cinquante pauvres, sans les prisonniers.

1575, douze cent quatre-vingt-huit pauvres, sans les prisonniers.

1576, quatorze cents pauvres, sans les prisonniers.

1577, neuf cents pauvres, sans les prisonniers.

1578, onze cent soixante-dix pauvres, sans les prisonniers.

1579, mille quatre-vingt-dix pauvres, sans les prisonniers.

1580, mille soixante-treize pauvres, sans les prisonniers.

1581, six cent quarante-trois pauvres, sans les prisonniers.

1582, six cent soixante pauvres, sans les prisonniers.

1583, rien pour cette année.

1584, quatorze cent trente pauvres, sans les prisonniers.

1585, neuf cent trente pauvres, sans les prisonniers.

1586, quinze cents pauvres, sans les prisonniers.

1587, dix-huit cent cinquante pauvres, sans les prisonniers.

1588, neuf cent vingt-cinq pauvres, sans les prisonniers.

1589, cinq cent vingt pauvres, sans les prisonniers.

1590, six cents pauvres, sans les prisonniers.

1591, ?

1592, deux cents pauvres, sans les prisonniers.

1593, cent soixante-dix pauvres, sans les prisonniers.

1594, ?

1595, ?

1596, douze cents pauvres, sans les prisonniers.

A partir de 1597, cette coutume se transforma en dons et secours de toute espèce en nature ; puis en 1630, les confréries des orfévres transformèrent encore la nature de leurs aumônes, elles donnèrent une somme annuelle pour repas, secours et vêtements, mais il ne fut plus distribué ni vins, ni vivres, la corporation laissa ce soin aux administrations des hospices et prisons.

Il faut dire en plus qu'à cette époque, les secours mutuels des corps d'arts et métiers étaient assez puissants pour que la charité devienne inutile et sans objet pour toutes les familles des artisans corporatifs.

Cette histoire résumée de la corporation des orfévres de la ville de Paris nous montre tous les éléments d'instruction et de force morale contenus dans les associations professionnelles.

On y reconnaît à chaque pas, selon l'opinion de M. Arthur Forgeais, que « les habitudes de discipline formaient « sans cesse le citoyen au respect d'autrui et de lui-« même.

« En même temps chacun apprenait dans ces centres « de travail à ne pas trop se désintéresser des affaires « publiques ni de celles du voisinage, mais aussi à ne « point se faire, en une heure, des opinions sur ce qu'on « n'avait pas appris ; car quotidiennement on voyait dans « les débats de tous les intérêts généraux de sa corpora-« tion qu'il faut bien des éléments pour établir d'une « façon durable une décision pratique à laquelle un grand « nombre de gens doivent concourir. »

Il est vrai que la Révolution a interrompu toutes nos traditions de travail, ainsi que toutes nos industries de luxe, en brisant les familles professionnelles et en faisant partir pour la frontière toute la jeunesse intelligente.

Mais, malgré le mépris des hommes de la Révolution pour les corporations, ils ont été bien heureux de retrouver cette immense légion d'hommes formés à la rude école de travail dans les corps d'arts et métiers, afin de reconstituer, après 1795, tous les services publics désorganisés par les orgies révolutionnaires.

Il est à remarquer que leurs successeurs et descendants ne valurent pas à beaucoup près ces hommes dis-
ciplinés par l'organisation générale du travail, aussi bien
qu'instruits par d'intelligents apprentissages ; car tout
cela existait et n'existe malheureusement plus.

RÉSUMÉ

LA SOCIÉTÉ CIVILE EN FRANCE A L'ÉPOQUE DES ANCIENNES
CORPORATIONS.

L'esprit de corps et la division des populations par
spécialités professionnelles, ont été les bases de la société civile établie en France à la suite des conquêtes
successives de toutes ses contrées, qui ont eu lieu dans les
premiers siècles de notre ère.

En effet, les seigneuries dont était composée toute la
France, faisaient de son territoire une immense mosaïque
dont toutes les parties étaient de véritables corporations
de l'agriculture et de l'élevage ; seulement, ces corporations, à l'état absolument rudimentaire, avaient pour but
de concentrer les efforts de toutes les familles dont était
composée chaque seigneurie au profit d'une seule, celle
du seigneur ; tandis que les corporations cantonales de
l'agriculture et de l'élevage que l'avenir semble nous
promettre, verront les efforts de chacune des familles
du sang dont elles seront composées se produire au profit
de toutes les autres ; en plus, dans les corporations cantonales de l'avenir, la famille du seigneur sera remplacée
par un syndicat directeur, nommé au suffrage universel.

Toutes les anciennes seigneuries, afin de se soutenir
mutuellement, ont trouvé leur intérêt à devenir vas-

sales les unes des autres, selon leur importance respective ; elles se sont ainsi constituées petit à petit en provinces féodales, dont la première division générale a fourni l'assemblée des hauts barons français, lesquels ont nommé, dans la ville de Noyon, Hugues-Capet roi de France.

Il est donc exact de dire que le gouvernement civil des intérêts généraux de toute la France, divisée par la féodalité en petites provinces, appartenait aux pairs réunis en parlement sous l'autorité du roi.

Cette organisation civile de la France ancienne doit nous servir de modèle et de cadre pour l'avenir, mais en mettant l'intérêt général à la place de l'intérêt particulier des seigneurs, parce que la mission de l'homme consiste à améliorer tout ce qu'il trouve sur le chemin de sa vie.

En effet, les cantons ruraux de la France remplaceront les anciennes seigneuries, et les syndicats cantonaux, dont les membres seront élus par tous les citoyens du canton, remplaceront les seigneurs.

Voilà comment, par des institutions bien raisonnées, la famille professionnelle, représentant les intérêts généraux de tous les hommes, viendra partout remplacer l'aristocratie des anciennes familles du sang qui étaient privilégiées par l'héritage.

En suivant exactement le système de l'ancienne société civile de la France, mais tout en continuant d'en élargir les bases, on voit que les départements actuels peuvent très-bien remplacer les anciennes provinces et que les présidents des syndicats cantonaux, élus au suffrage universel, formeront naturellement le conseil départemental au point de vue de l'intérêt général, de même que les anciens seigneurs formaient le parlement provincial au point de vue de leurs intérêts particuliers.

On le voit de plus en plus, l'organisation civile que je propose est exactement la même que celle de toute l'ancienne France, seulement l'intérêt général remplace partout ici l'intérêt particulier, lequel est fatalement le seul mobile de la gestion de tout ce qui est acquis par la force brutale.

En suivant toujours les mêmes principes, on voit un complément naturel de cette nouvelle organisation qui se présente de suite à la pensée, le voici : Le président de chaque conseil départemental remplacera admirablement, au parlement de Paris (qui deviendra la chambre des pairs des familles professionnelles), le haut baron de chaque province, lequel était chargé de représenter les intérêts de ses seigneurs et seigneuries auprès du suzerain.

Le nouveau suzerain sera donc l'universalité des travailleurs français réunis dans leurs comices professionnels, depuis le plus grand propriétaire jusqu'au dernier des ouvriers laborieux.

Mais, comme je viens de le dire et je me répète ici, pour bien faire comprendre cette partie de mes démonstrations :

La force ne protége dans ses conquêtes que les intérêts particuliers, car si elle protégeait les intérêts généraux, elle serait morale, tandis que la force et la violence ne peuvent être que matérielles et non morales.

Mais où l'homme met l'injustice, Dieu, à l'aide du temps, y met la justice.

En effet, tout ce qui concourt à protéger le mieux les intérêts particuliers, à la suite d'une grande conquête, est admirablement organisé pour la protection des intérêts généraux.

Mettre par les mêmes moyens ces derniers à la place des premiers dans toutes les directions sociales, voilà le problème à résoudre par les sociétés modernes.

Le grand crime des Constituants de la Révolution française consiste à avoir dirigé tous leurs actes à l'inverse du grand principe social qui a pour base l'organisation de tous les intérêts généraux.

En effet, les efforts de la physiocratie française, arrivée au pouvoir après 1789, ont été employés à conquérir à leur profit, par les moyens révolutionnaires, les fortunes et les positions des anciens seigneurs français, et pour arriver légalement à leur but, ils ont dû organiser dans toutes leurs constitutions le règne des intérêts privés et individuels.

C'est du moins ce que je vais essayer de démontrer par la critique de l'œuvre d'économie sociale des hommes de la Révolution française qui forme la deuxième partie de ce volume.

LES FONCTIONS CIVILES ET CONSULAIRES DANS LES ANCIENS CORPS D'ARTS ET MÉTIERS.

Ce sont les diverses industries nationales de la France avec leurs commerces qui ont fondé les villes et les communes, il était donc bien naturel que saint Louis, en établissant officiellement les anciennes coutumes des corps d'arts et métiers, confiât aux syndics de ces derniers les fonctions municipales, dont les maîtres, les compagnons et les apprentis, avec toutes leurs familles, formaient à peu près l'universalité des administrés, dans les villes, les bourgs et les communes.

Étienne Boileau, prévôt des marchands de Louis IX, n'avait donc autour de lui, pour l'aider à administrer civilement la ville de Paris, que des échevins pris dans les syndics des corporations d'arts et métiers.

Voilà pourquoi on appelait la maison commune de Paris le Parlouër aux Bourgeois.

Le mot Bourgeois était donné plus généralement aux patrons des corporations que celui de maître ; en province, cette habitude existe encore presque partout, les ouvriers des campagnes appellent encore leur patron, le Bourgeois, et la patronne, la Bourgeoise.

Le mot Bourgeois vient de Bourg ; quand les seigneurs féodaux ont bâti leurs châteaux forts afin de se défendre contre leurs attaques réciproques, il a fallu des chefs ouvriers pour diriger les travaux dont les serfs faisaient le plus gros, les seigneurs se sont donc entourés d'ouvriers adroits de tous les métiers qu'ils attachèrent autant que possible à leur personne et à leur contrée.

Ces ouvriers firent la maçonnerie, les sculptures, les portes, les boiseries, les carrelages, les grilles, les couvertures, la serrurerie, etc., etc., des châteaux, ils campèrent naturellement autour de leur chantier et se bâtirent petit à petit des habitations qui formèrent plus tard les bourgs, lesquels sont situés en général près des vieux châteaux ; de là le nom de Bourgeois qui est bien un nom de travail, car il en procède absolument.

Plus tard, des tailleurs, des vaisseliers, des armuriers, voire même des orfévres, furent utiles et vinrent s'établir successivement dans les bourgs qui avoisinaient les plus riches châteaux, autour desquels les villes industrielles prirent naissance.

Il est certain que beaucoup de professions sont nées et se sont développées à Paris après Étienne Boïleau, ou plutôt ces professions, devenues plus tard des corporations distinctes, n'étaient de son temps que des spécialités faisant partie des cent corps de métiers institués officiellement par lui ; il n'est donc pas étonnant que l'on ne trouve pas de droits à l'échevinage dans les documents de quelques anciennes corporations.

Quant aux orfévres de la ville de Paris, ils ont eu de tout temps le privilége de l'échevinage et plus tard celui de la justice consulaire, comme nous l'apprend entre autres le document suivant.

Priviléges du corps des marchands de la ville de Paris.

Art. XV

« *Prérogatives du corps, en tant qu'il est un des six corps des marchands de la ville de Paris :*
« Le corps de l'orfévrerie joaillerie de Paris étant l'un des six corps des marchands de cette ville, jouira des prérogatives qui leur sont attribuées et dont ils jouiront en commun : en conséquence, ses députés joints aux leurs porteront le dais ou ciel sur la personne des rois faisant leur entrée solennelle dans Paris et complimente- ront leurs majestés dans les grands événements ; et ses marchands *seront par leur état capables des charges muni- cipales et consulaires de cette ville.* »
Du reste, soit privilége, soit habitude séculaire, les échevins de la ville de Paris ont toujours été pris en grande majorité dans les syndics des diverses corpora- tions de la ville de Paris ; de cette façon, c'étaient par le fait les corporations qui nommaient à la majorité des voix, dans leur sein, l'administration municipale chargée de la direction de tous les intérêts civils de la ville de Paris.

Ceci représente une preuve six fois séculaire que l'inté- rêt civil des sociétés n'est que secondaire et accessoire et qu'il doit dépendre et découler absolument et complétement de l'intérêt professionnel, dont il n'est après tout que la conséquence.

C'est le contraire qui a été établi dans le but de la division générale de toutes les forces de la nation, par les Constituants de la Révolution.

De là tous nos malheurs et la faiblesse momentanée de la société française.

DISTINCTIONS A FAIRE ENTRE LA SOCIÉTÉ CIVILE ET LA SOCIÉTÉ PROFESSIONNELLE.

L'administration de tous les intérêts civils des familles du sang fonctionne par le principe communal.

Tandis que l'administration de tous les intérêts professionnels de ces mêmes familles doit fonctionuer syndicalement, par le principe corporatif.

Il s'ensuit que tous les intérêts privés ont leurs centres dans la famille consanguine, et que tous les intérêts généraux des membres de ces familles sont administrés, depuis que le monde est monde, ainsi que d'après les coutumes et la volonté de tous les peuples :

1° Par le principe communal;

2° Par le principe corporatif ou professionnel.

L'histoire nous démontre encore à chacune de ses pages, que ces deux principes fondamentaux, tantôt unis, tantôt plus ou moins séparés, sont les seules bases sociales qui apparaissent à tous les âges de l'humanité, pour réglementer et concilier tous les divers intérêts des hommes, ainsi que ceux des sociétés.

En effet, que les centres communs de l'activité humaine s'appellent tribus, patriarcats ou castes, comme chez les nations primitives, ou bien communes ou corporations, comme chez les peuples plus avancés en civilisation, ces centres sont toujours créés dans le même but, c'est-à-dire pour obéir aux grandes lois naturelles qui imposent à l'homme de se réunir à ses semblables pour protéger le plus efficacement possible, les deux seuls grands intérêts de sa vie :

1° L'intérêt civil ;

2° L'intérêt professionnel.

L'histoire nous démontre encore :

1° Que tous les despotismes ont, exclusivement, la spécialité de retarder la marche du progrès des peuples et de les faire marcher, plus ou moins vite, à leur ruine sociale ;

2° Que les despotismes ne peuvent s'établir, en dehors de la conquête, que par la destruction des droits à l'association professionnelle, au profit des intérêts civils, dans lesquels tout vient se fondre, au grand avantage d'un petit nombre de citoyens, qui parviennent à en |devenir les directeurs.

Je prouverai, également par l'histoire, dans le cours de ce deuxième volume de la *Revanche de la France par le travail,* que tous les peuples qui avaient sans exception progressé par le travail organisé, ont vu la ruine de leur nationalité commencer le jour même où une physiocratie, composée des plus malins d'entre eux, a réussi à détruire ou annuler leurs centres naturels d'intérêts professionnels, au profit exclusif des centres naturels de leurs intérêts civils ; c'est-à-dire lorsque les peuples ont été conquis en quelque sorte par une classe de citoyens sortis de leurs rangs.

En effet, un peuple est véritablement conquis, que ce soit du reste au moyen de l'invasion ou par celui de la révolution, quand il se voit privé de la direction de tous ses intérêts généraux.

C'est ce que je viens d'expliquer qui a été accompli entièrement, absolument et complétement, en France, par et au profit de la physiocratie du xviiie siècle, arrivée au pouvoir sous le titre de : les Constituants de la Révolution française.

Aussi je viens dire à mes lecteurs : Quand vous entendrez un homme, favorable aux idées corporatives, qui viendra vous affirmer que l'homme a deux intérêts distincts et séparés, qui s'appellent : l'intérêt civil et l'intérêt professionnel, vous pouvez dire hardiment que cet homme, soit volontairement ou involontairement, est un autoritaire, c'est-à-dire un physiocrate.

Car c'est la séparation de ces deux intérêts, qui a permis toutes les révolutions et toutes les conquêtes intérieures, lesquelles ont assujetti les peuples sous la domination de quelques-uns d'entre eux.

Pour bien expliquer ma pensée, je dirai : Les intérêts civils et professionnels sont séparés, mais en apparence seulement, car si la source de leurs pouvoirs n'est pas la même, il naît de cette situation des éléments de luttes, de révolution et de mort sociale, dont les causes sont comparables à celles qui amènent la discorde dans une maison où il y a deux maîtres.

Il résulte de cela que dans une société civilisée les intérêts civils et professionnels doivent être seulement séparés comme le sont les deux jambes d'un homme, lesquelles lui servent, à la fois, à marcher et à se tenir en équilibre, mais ces jambes procèdant toutes les deux du même corps, il leur est imposé d'agir sous l'impulsion de la même volonté.

*
* *

A l'état sauvage, et même à un état plus avancé, l'homme ne connaît que l'intérêt professionnel, cet intérêt est le seul qu'il respecte, la nature lui tient lieu de tout le reste.

La séparation des pouvoirs en général, ainsi que celle des pouvoirs civils et professionnels en particulier, représentent donc le plus malheureux des malentendus qui peut exister au sujet de la solution de toutes les questions sociales.

La preuve évidente que l'histoire de la corporation des orfèvres vient de nous donner à ce sujet, existe en ce que les premiers de ses syndics, de même que ceux de toutes les autres corporations parisiennes, étaient, de droit, échevins de la ville de Paris, c'est-à-dire que les élus des intérêts professionnels dirigeaient également les intérêts civils.

Ceci nous démontre clairement que, dans les sociétés comme dans la nature, la direction de tous les multiples intérêts d'un peuple ne doit avoir qu'une seule et unique source, qui procède entièrement du travail, lequel étant le producteur universel doit fonctionner logiquement avec le groupement des hommes, réunis par spécialités professionnelles.

Cela doit être ainsi, pour éviter les divisions de toute nature entre les citoyens, lesquelles divisions ont malheureusement déjà beaucoup trop de raisons de se produire, et aussi parce que l'intérêt professionnel domine et crée tout, dans les sociétés et dans les familles comme dans la nature.

PREUVE SCIENTIFIQUE

L'intérêt civil et l'intérêt professionnel sont, si je puis m'exprimer ainsi, les pôles négatif et positif de toutes les forces naturelles des peuples.

L'intérêt civil est le pôle négatif, car s'il domine seul, il finit par tout perdre et annuler, parce que ce n'est pas lui qui est l'*intérêt producteur*.

L'intérêt professionnel est le pôle positif qui doit dominer, tout en laissant librement fonctionner l'intérêt civil.

L'intérêt professionnel doit dominer, parce qu'il produit tout et que l'intérêt civil n'est que l'administrateur d'une partie des intérêts créés par le travail.

L'harmonie sociale résulte donc de la marche simultanée des deux grands intérêts de l'homme, mais en laissant toujours dominer le père sur le fils.

PREUVE PRATIQUE

Pour bien se rendre compte de la différence totale qui existe dans les résultats sociaux, entre la direction générale d'une société par l'intérêt civil, et celle plus naturelle par l'intérêt professionnel, il faut bien étudier le fonctionnement électoral de ces deux systèmes de société.

L'intérêt civil, quand il domine seul, représente la division en tout, et sa base naturelle est l'individualisme.

En effet, par le fonctionnement civil exclusif, les listes électorales contiennent pêle-mêle, par le seul rangement alphabétique, les citoyens de toutes les professions.

Il s'ensuit que les négociants, les industriels et les travailleurs qui sont tout dans la nation, ne voient aucun moyen pratique pour faire représenter dans toutes les assemblées et dans tous les conseils qui dirigent les intérêts publics, des hommes choisis par eux et au milieu d'eux.

Prenons pour exemple un électeur dans chacun des cent cinquante corps de métiers dont se compose, à peu près, toute l'activité professionnelle du département de la Seine, et réunissons par la pensée ces cent cinquante électeurs dans une assemblée électorale ; il est certain que ces cent cinquante électeurs ne pourront jamais s'entendre pour présenter au choix de tous les électeurs du département de la Seine un seul candidat à la députation, qui puisse véritablement représenter leurs divers intérêts professionnels.

Il faut donc forcément, sous la direction exclusivement civile de la nation, mettre de côté toutes les professions, et ne s'occuper que d'une seule, qui est la profession politique.

Alors, sous l'influence des intérêts politiques, les intérêts professionnels sont complétement sacrifiés :

1° Parce que les hommes politiques ne connaissent rien aux intérêts professionnels et n'ont, généralement, aucune estime pour eux ;

2° Parce que, par le système diviseur et isolateur des listes électorales alphabétiques et communales, neuf électeurs sur dix ne connaissent absolument pas les talents spéciaux des députés qu'ils nomment, il s'ensuit que les intérêts professionnels ne peuvent pas même choisir utilement ceux des hommes politiques qui connaissent le mieux leurs besoins et leurs aspirations.

*
* *

Pour bien faire saisir la logique qui découle de la suprématie des intérêts professionnels sur ceux civils comme principe social, je dis :

En supposant que les mêmes députés qui siégent aux assemblées nationales de la France, soient nommés professionnellement au lieu de l'être civilement, il est certain que chacun d'eux, au lieu d'avoir la prétention de représenter la France entière, saurait très-bien qu'il représente une profession ou un groupe de professions spéciales d'un département.

Mais comme les intérêts de cette profession, ou de ces groupes d'arts et métiers, sont à peu près identiques dans toute la France, leurs électeurs seraient sûrs d'avoir à l'Assemblée plusieurs avocats pour plaider leur cause.

*
* *

Dans tous les cas, les députés qui représenteraient des groupes bien définis de professions, ne manqueraient pas de se rendre très-souvent dans leurs réunions, pour s'inspirer de leurs besoins et de leurs aspirations.

On le voit, le mandat impératif qui est une cause de révolution et de lutte en politique, devient tout ce qu'il y a de plus rationnel, du moment qu'il s'agit de la direction nationale par les intérêts professionnels.

Aussi, tous les gens intelligents peuvent dire hardiment que le grand raisonnement politique, donné par les physiocrates du xviii⁰ siècle au roi Louis XVI, pour le déterminer à détruire les corps d'arts et métiers, est un raisonnement spécieux, mais absolument faux dans la pratique.

Voici ce raisonnement :

La corporation, disaient ces philosophes démolisseurs, *est une entrave à la liberté et un étranglement pour toutes ses manifestations individuelles.*

Ces révolutionnaires ajoutaient, *qu'il n'était pas socialement nécessaire de se créer des obligations de détail qui peuvent différer, selon les spécialités professionnelles, de celles qui sont les mêmes pour tous et qui doivent être représentées, ex-*

clusivement, par la société civile qui a son centre naturel à la commune.

Mais, de même que tous les raisonnements qui ont l'égoïsme pour base, celui-ci va se démasquer par la bouche même de ceux qui le formulaient dans un but intéressé.

En effet, ces hommes de beaucoup trop d'esprit ajoutaient :

La corporation est un État dans l'État, elle substitue l'autorité particulière à l'autorité générale, elle inféode le compagnon au maître, absolument comme le serf était inféodé à son seigneur; la corporation crée encore une aristocratie industrielle; enfin, et par tous ces motifs, elle est contraire à l'esprit d'égalité, elle entrave constamment l'action gouvernementale, tout en privant la majorité des citoyens de la jouissance de toutes leurs libertés individuelles.

De toutes ces objections en est-il une seule qui puisse soutenir un examen sérieux?

Nous allons démontrer le contraire :

1° Les corporations de toutes les spécialités de l'activité humaine doivent représenter absolument l'universalité de tous les citoyens des deux sexes, sans cela elles sont partielles et non complètes comme l'exige leur principe naturel.

Cela étant, on se demande, quel est donc l'État dans lequel toutes les familles du travail ont l'inconvénient de former un autre État?

Ne faut-il pas aller le chercher dans le groupe des quinze cents à deux mille physiocrates qui ont soutenu au xviiie siècle cette théorie prétendue humanitaire?

Lesquels, après avoir réussi à la faire admettre, ont constitué eux-mêmes et à leur profit exclusif un véritable État dans l'État, que nous avons appelé ailleurs : *la Corporation gouvernante?*

Cette corporation gouvernante n'est parvenue à dé-

montrer qu'une chose, que *nous nions du reste énergique-*
ment, c'est l'inutilité absolue du reste de la nation dans
les directions sociales de tous ses intérêts généraux.

*
* *

2° Ces hommes infiniment habiles ont commencé, pour
assouvir leurs ambitions, par prendre en apparence les
intérêts du faible contre le fort.

En effet, ses membres ont eu l'air de ne pas vouloir que *le compagnon soit inféodé au maître;* par cette
théorie et d'autres du même genre, ils se sont créé
des auxiliaires dans le peuple même qu'ils venaient de
dépouiller de tous ses droits; mais tout le monde sait
bien que, dans les corporations industrielles comme
dans les familles du sang, tous les membres sont solidaires et sont tous plus ou moins inféodés les uns aux
autres; c'est cette situation générale que l'on appelle
l'échelle sociale.

Du reste, dans les régiments du travail appelés les
corporations, le compagnon était beaucoup moins inféodé au maître que le soldat n'est inféodé à l'officier
dans les régiments de l'armée, car le compagnon peut
changer de maître quand il le veut et le soldat ne peut
pas changer d'officier.

Du reste, dans les deux situations, le soldat peut devenir officier, et le compagnon maître, à force d'intelligence
et de bonne conduite, mais si tous ne le deviennent pas,
c'est quelquefois faute de ces qualités et ensuite parce
qu'il faut des maîtres et des compagnons, des soldats et
des officiers.

Mais, dans tous les cas, l'organisation sociale des
hommes de la Révolution est bien loin d'avoir rendu tous
les ouvriers maîtres et tous les soldats officiers?

Du reste, aussitôt arrivés à leurs fins, les révolutionnaires se sont hâtés de proscrire les réunions d'ouvriers comme étant faites contre les intérêts de leurs maîtres.

Pour se convaincre de cela, il n'y a qu'à lire les discours du constituant Chapelier dans les séances des 15 et 16 juin 1791, où il fait disperser par une loi les réunions d'ouvriers.

En cela, les physiocrates du xviiie siècle ont agi exactement comme agissent aujourd'hui les partis avancés.

En effet, tant que ces derniers ne sont pas au pouvoir, ils proclament dans tous leurs discours et dans tous leurs écrits les droits imprescriptibles des ouvriers qu'ils agacent ainsi constamment contre leurs patrons en les désignant pour ainsi dire comme leurs exploiteurs.

Mais aussitôt portés au pouvoir par les votes populaires, ces hommes politiques font exactement comme le constituant Chapelier, ils se retournent contre ceux qui leur ont servi de marchepied.

*
* *

3° Si les hommes de la Révolution ont blâmé l'aristocratie industrielle créée par les corporations, c'est que celle-ci gênait horriblement l'autre, c'est-à-dire celle qu'ils avaient l'intention d'organiser eux-mêmes à leur profit, sur les ruines des corps d'arts et métiers.

Seulement l'aristocratie des physiocrates se composait de quinze cents à deux mille titulaires au plus dans toute la France, tandis que les corporations étendues aux professions de l'agriculture et de l'élevage, auraient représenté une aristocratie composée de l'universalité de tous les citoyens français.

Du reste, le reproche d'aristocratie découlant du principe corporatif contient la plus grande glorification possible de l'excellence de ce principe.

En effet, l'aristocratie féodale de la France a été créée

par la conquête générale du sol, qui a été transmis en toute propriété de père en fils dans toutes les familles nobles.

Comme on le voit, la possession de cette aristocratie n'accorde pas un besoin de très-grande intelligence à tous ses titulaires en général et à ceux du XVIIIe siècle en particulier.

L'aristocratie physiocratique créée sur les ruines de l'aristocratie féodale, avec la destruction des droits de la famille du travail, a été conquise par le moyen de la Révolution au profit des Constituants de cette époque, lesquels se sont emparés des biens nationaux, ainsi que de toutes les directions sociales et administratives de la France ; cela est plus malin sans aucun doute, mais ne donne encore qu'un mérite bien secondaire aux titulaires de cette nouvelle aristocratie.

Tandis que l'aristocratie industrielle des corporations avait été acquise à la sueur du front de tous les travailleurs français, lesquels n'ont rien reçu pour cela ni rien pris à personne pour l'acquérir ; bien au contraire, ils ont toujours payé tous les impôts du pays !

En plus, les deux premières aristocraties sont essentiellement exclusives, car le nombre de leurs titulaires est forcément limité, tandis que les associations corporatives sont toujours ouvertes ; mais il est certain qu'elles le seront bien davantage encore quand elles seront rétablies avec toutes les libertés.

*
* *

4° Quant au dernier reproche fait aux corporations, lequel consiste à dire qu'elles blessaient l'égalité, il n'est réellement pas assez sérieux pour y répondre longuement.

Tout ce que je veux dire à ce sujet, c'est que les caisses

de secours et de prévoyance des anciennes corporations faisaient (comme je viens de le prouver par l'histoire de la corporation des orfévres) qu'il n'y avait aucune famille des maîtres ou compagnons laborieux des corporations que la misère ait pu atteindre.

Tandis que par la destruction des centres de l'association des intérêts généraux appelés les corps d'arts et métiers, les Constituants de la Révolution ont créé le prolétariat dans l'industrie française et ont, pour ainsi dire par cela, décrété la misère perpétuelle au détriment des ouvriers, même les plus laborieux, quand ces derniers sont chargés de famille.

Voilà la véritable égalité qui est l'œuvre des physiocrates du xviiie siècle, c'est-à-dire l'égalité de tous les ouvriers devant le paupérisme.

*
* *

5° Il n'est donc nullement étonnant qu'avec ces idées, les hommes de la Révolution aient détesté les familles du travail :

1° Parce qu'elles auraient entravé l'action gouvernementale dont ils songeaient à devenir les directeurs ;

2° Parce que les corporations auraient empêché toutes leurs exactions et toutes les orgies révolutionnaires qu'ils ont dirigées dans leur intérêt, afin d'affermir leurs fortunes et leur puissance.

*
* *

6° Quant au reproche général qui consiste à dire que l'association des intérêts généraux prive les citoyens de la jouissance de toutes leurs libertés individuelles, il est certain qu'il a été le plus répandu et qu'il représente, précisément à cause de cela, le plus grand sophisme des temps modernes;

Voici ma réponse :

Envisageant sous toutes ses faces la situation d'un producteur, père de famille, patron ou ouvrier, agriculteur ou industriel, propriétaire ou rentier, lorsqu'il fait partie de son groupe professionnel,

Je demande :

Un homme est-il moins libre ou ses libertés sont-elles amoindries :

1° Parce qu'il fait partie d'un groupe syndical dans lequel il obtient aide et protection pour tous les besoins généraux de sa vie et dans lequel il apprend toutes les nouvelles qui intéressent sa profession ?

2° Parce qu'il peut aller porter tous ses différends devant le tribunal conciliateur représenté par la commission mensuelle des litiges de sa chambre syndicale, laquelle est composée de ses collègues, c'est-à-dire de ses pairs, choisis par lui-même, au suffrage universel, parmi ceux de ses camarades qu'il estime le plus ?

3° Un homme est-il encore moins libre parce que ses enfants seront (s'il n'en a pas le temps ou le moyen) instruits et leur apprentissage facilité et surveillé par sa famille industrielle ?

4° Parce que, par une minime cotisation, il aura droit au médecin et aux médicaments en cas de maladie, à une indemnité journalière en cas de chômage et à une pension de retraite lorsque l'heure du repos aura sonné ?

5° Parce que, par la commission des échanges et débouchés de sa famille professionnelle, il lui sera procuré du travail ou un emploi lorsqu'il en sera privé; s'il est patron on lui indiquera les débouchés du monde entier pour ses produits et ses transactions seront protégées partout par les consulats?

6° Parce que la valeur de son crédit sera affirmée à ses banquiers et à ses fournisseurs, dans le cas où il voudrait bien déposer ses inventaires à la commission du crédit de sa famille professionnelle, sur lesquels le plus grand secret sera gardé?

7° Parce qu'il sera renseigné par la même commission sur la valeur de toutes ses opérations et sur celles de toutes les personnes avec lesquelles il entrera en relation d'affaires?

8° Parce que son livret de citoyen portera la nomenclature de toutes les actions belles et utiles qu'il aura accomplies dans sa vie, aussi bien dans son intérêt que dans celui des autres, car, sous le règne de l'association des intérêts généraux, celui qui travaille pour lui travaille pour tous?

9° Enfin parce que, s'il est ouvrier marié et avec des enfants, sa famille professionnelle lui offrira une maison et un jardin, dont il sera propriétaire en payant son loyer seulement?

Nota. — Il est utile de constater ici et à ce sujet la puissance de l'association.

En effet, ces propriétés feront le bonheur des familles d'ouvriers mariés, lesquels deviendront ainsi propriétaires sans que cela leur coûte un sou, en plus cette opération si fraternelle *sera une affaire à bénéfices* pour l'ensemble de leurs familles professionnelles.

L'expérience a prouvé ce que j'avance, tant en France qu'ailleurs; mais, en France, on peut facilement en trouver la preuve au Creuzot, à Mulhouse et même dans les environs de Paris, à Bois-Colombes, par exemple.

10° Les libertés individuelles seront-elles encore amoindries parce que la paix publique sera à tout jamais assurée par la satisfaction qui sera proportionnellement donnée à tous les droits, à tous les besoins et à tous les mérites?

Non! et l'on voit de suite que tous les raisonnements

des physiocrates de la Révolution sur ce sujet, sont critiquables, car les immenses résultats indiqués ci-dessus seront obtenus par le simple fonctionnement de la vie de tous les jours, en mettant simplement et naturellement partout la justice à la place de l'injustice ?

Dans tous les cas, si tous ces bienfaits pouvaient paraître à un homme original une atteinte quelconque à sa liberté individuelle et à sa dignité, il lui sera parfaitement commode de se poser comme le plus digne, en les refusant tous ; seulement permettez-moi, à la place de la dignité que je suppose à cet homme original, d'inscrire plutôt le mot *sottise*.

Il est certain que soutenu de tous ces avantages, le travailleur sera dix fois plus libre qu'il ne l'est aujourd'hui ; c'est-à-dire qu'alors il sera libéré, et aujourd'hui je le considère comme aussi esclave que les paysans français l'étaient avant 1789 : c'est un esclavage d'un autre genre, voilà toute la différence.

N'ayant plus le fantôme de la misère devant les yeux, tranquille en travaillant pour son lendemain et pour celui de tous les siens, le travailleur pourra envisager pour lui, et surtout pour ses enfants, tous les horizons que le travail intelligent peut faire rêver, et dont l'accomplissement est impossible sous le règne isolateur de l'individualisme.

LES SOCIÉTÉS DE SECOURS MUTUELS ET LES CAISSES DE PRÉVOYANCE DE L'AVENIR

Pour constituer sagement le présent et pour prévoir l'avenir, il faut absolument consulter le passé.

Or, voici ce que le passé nous apprend.

Aussitôt que les corporations d'arts et métiers furent instituées par saint Louis, nous voyons ces communautés organiser entre elles la charité.

Les maîtres de tous les corps d'arts et métiers prévoient qu'ils nourriront et entretiendront les plus malheureux d'entre eux, ainsi que les veuves des maîtres.

Leurs confréries organisent la charité en grand, afin de soulager et de nourrir les jours de grandes fêtes les plus malheureux de leurs compagnons.

Puis arrive Louis XI qui réunit sous les mêmes bannières tous les maîtres et compagnons des corps d'arts et métiers, l'histoire nous apprend que ce roi en passa environ quatre-vingt mille en revue entre la ferme de Reuilly et la porte du Temple.

Aussitôt que Louis XI eut accompli ce grand acte d'égalité et de confiance, c'est-à-dire aussitôt qu'il eut armé également les maîtres et compagnons des corporations, un courant d'émancipation et de progrès parcourut les corps d'arts et métiers pour ne plus s'arrêter qu'à la Révolution, laquelle jugea utile de tuer les associations du travail.

En effet, c'est de Louis XI que date l'organisation des cotisations, des dons et des legs pour le soulagement des compagnons et de leurs familles.

Toutes ces ressources accumulées formèrent des caisses qui soulagèrent le mieux possible aux xve et xvie siècles toutes les misères de chacun des membres des corps d'arts et métiers pendant ces temps de guerres, de troubles et de révoltes, lesquels nous ont donné malgré cela et grâce aux corporations, la renaissance des arts et des arts industriels.

En plus, on voit les maîtres soulager les pauvres de leurs corporations en leur distribuant des vivres et des vêtements les jours de grandes fêtes; mais, chose étonnante, nous voyons ces charités dominicales et chômées disparaître complétement dans toutes les corporations de l'an 1600 à 1610.

Celui qui n'a pas étudié à fond l'intéressante histoire de ses communautés se demande comment il se fait que la charité disparaisse tout à coup des corps d'arts et métiers, après y avoir été pratiquée pendant plus de trois siècles consécutifs.

Voici pourquoi :

Vers l'an 1600, il n'y avait plus de pauvres dans les corps d'arts et métiers, les associations professionnelles avaient non-seulement créé l'industrie et la fortune de la France, sauvé la patrie sous Louis XI, mais elles avaient encore chassé la misère de toutes leurs familles ; enfin, elles avaient anéanti le hideux paupérisme au milieu d'elles.

En un mot, leurs caisses de secours avaient rendu inutile la charité qui est toujours un peu humiliante, enfin, la mutualité avait tué l'aumône, et les secours mutuels de toute nature étaient devenus le droit et la propriété de l'universalité des membres de tous les corps d'arts et métiers de la ville de Paris.

Cette situation nous représente l'émancipation véritable de tous les ouvriers par le travail.

Voilà ce que les hommes de la Révolution ont osé détruire au nom de la liberté !!!

Dès l'an 1600, les caisses de secours des corporations étaient divisées et se divisèrent de plus en plus en autant de spécialités de travail que chacune des corporations en contenait.

Cette division logique et rationnelle vint d'abord par les dons et legs des maîtres morts sans héritiers, lesquels désiraient tous que leurs legs profitent seulement aux compagnons de leurs branches d'industrie ; ensuite on a remarqué que les compagnons des diverses spécialités des corps d'arts et métiers avaient des salaires différents suivant la difficulté de leur genre de travail et des talents qu'il fallait obtenir pour être un bon ouvrier ; par exemple, un ouvrier orfévre gagnait énormément plus dans la poterie décorée des surtouts de table que les compagnons de la poterie unie, ainsi que ceux des cuilleriers, etc., etc.

Il s'ensuivait naturellement que ceux qui gagnaient plus, pouvaient fournir de plus fortes cotisations et avoir droit, le cas échéant, à des secours plus importants.

Ces explications, en signalant les excellentes raisons qui ont fait diviser les caisses de secours des corporations, nous démontrent en même temps le grand cercle de l'erreur dans laquelle se meut toute l'économie sociale et tous les économistes de l'école révolutionnaire.

En effet, les économistes de la Révolution voulaient, en 1848, que les salaires soient égaux.

Après avoir tué les associations professionnelles, ils voulaient tuer l'émulation dans le travail et faire ainsi des ouvriers une armée servile pour assouvir toutes leurs ambitions (1).

*
* *

Les associations professionnelles ne sont pas encore rétablies en droit, mais la France marche à pas de géant vers cette bienfaisante réorganisation.

Le devoir de tous ceux qui désirent ardemment le retour de ces centres de force, de grandeur, de fortune et de morale, est d'en préparer l'avénement en rétablis-

---

(1) Louis Blanc, membre et délégué du Gouuvernement provisoire de 1848, a déclaré dans les séances de l'organisation du travail au palais du Luxembourg qu'il fallait que LES SALAIRES SOIENT ÉGAUX.

sant, autant que faire se pourra, les principes sociaux qui ont fait la grandeur des corps et métiers, mais en laissant de côté les abus qui gênaient leur marche dans la voie du progrès.

En première ligne se présentent les secours mutuels.

Nous savons bien d'avance que tous nos efforts seront isolés, enfin qu'ils n'auront pas la grandeur et la fécondité que donne l'ensemble, mais nos efforts n'en seront pas moins d'une immense utilité en ce qu'ils préparent d'avance les matériaux de la reconstruction sociale, surtout si nous savons reprendre le grand esprit de saine mutualité dont étaient animés les anciens corps d'arts et métiers.

Voici comment se présente à nous cet esprit de solidarité dans la pratique des secours mutuels et des caisses de prévoyance à organiser actuellement.

L'intérêt à la paix publique et à la tranquillité sociale naissent de la satisfaction donnée à tous les besoins par le travail et son organisation générale.

Quand cet intérêt est largement organisé et établi entre tous les membres d'une société, la force, la puissance et le bien-être deviennent son apanage.

Pour affermir la paix publique de laquelle découlent toutes les prospérités sociales, il faut intéresser tout le monde à son établissement définitif.

L'assurance du lendemain de tous les travailleurs se présente en première ligne pour obtenir ce désirable résultat.

Le lendemain de tous les travailleurs établira en même temps celui de tous les patrons, avec celui de tous ceux qui possèdent ce qu'ils ont acquis par le travail ou par l'héritage.

Il est donc juste que ces derniers viennent payer leur part dans les caisses de secours et de prévoyance destinées à leur donner, en même temps qu'à tous les travailleurs, la sûreté du lendemain pour la jouissance de tout ce qu'ils possèdent.

Le secours mutuel deviendra donc ainsi ce qu'il doit être véritablement, c'est-à-dire un contrat social entre toutes les classes de la société, qui se garantiront ainsi mutuellement toutes les chances aléatoires du lendemain entre chacun de leurs membres actifs et laborieux.

Dans les anciens corps d'arts et métiers, il y avait les maîtres et les compagnons; en attendant la réorganisation des familles du Travail avec la liberté et le suffrage universel, il faut que les anciens maîtres et compagnons soient remplacés dans les sociétés de secours et de prévoyance à établir:

1° Par les patrons et les propriétaires, qui nommeront à la majorité la moitié du syndicat directeur;

2° Par les ouvriers et employés, qui nommeront également à la majorité des voix l'autre moitié.

Comme cela, le syndicat directeur représentera bien légalement par moitié les deux intérêts opposés du Travail et du Capital.

Le syndicat pourra, par conséquent, s'occuper avec une autorité incontestable de tous les intérêts généraux de l'association.

La solidarité et la mutualité s'affirmeront dans leur entier par une société ainsi établie, car la quotité des membres qui n'auront pas besoin viendra grossir celles des autres participants.

Si une semblable société s'organisait dans mon quartier, je réunirais mes ouvriers et je leur dirais : Je vais mettre chaque année de côté une part de mes bénéfices afin d'aider à titre gracieux ceux d'entre vous qui voudront remplir complétement toutes leurs journées de travail, sans perdre de temps autrement que dans des cas d'empêchements reconnus légitimes.

En ne perdant pas de temps, mes ouvriers m'aideraient à faire un plus grand chiffre d'affaires avec moins de place, et, pour eux-mêmes, ils gagneraient davantage et éloigneraient par ce fait même un grand nombre des besoins dont pourraient souffrir leurs familles.

Ceci est donc avant tout une partie du contrat social qui est absolument dans l'intérêt moral et matériel des deux parties contractantes.

Je compte qu'en agissant ainsi, mes ouvriers me gagneraient environ vingt centimes par jour de plus chacun ; alors je partagerais ce bénéfice avec eux et je verserais pour chacun d'eux, dans les caisses de secours et de prévoyance de la société de mon quartier dont je serais membre honoraire, dix centimes par jour tant que chacun d'eux travaillerait chez moi, à la condition que chacun d'eux en verse autant à titre de membre participant.

Ce qui serait un bénéfice pour moi, en serait également un pour tous les autres patrons du quartier, qui en feraient autant avec plaisir. Il en serait de même de tous les propriétaires du quartier, qui payeraient en proportion de leurs revenus et pour garantir la jouissance ininterrompue de ces derniers, que leur donnerait l'organisation de tous les intérêts et de tous les risques du lendemain de tous les travailleurs et patrons.

Tout cela sous l'égide de la plus complète liberté individuelle.

J'appelle cela l'impôt volontaire, lequel serait destiné à détruire dans l'avenir la plus grande partie de l'autre qui est bien autrement fort que serait celui-ci.

Il s'ensuit que les sociétés de secours et de prévoyance que je suppose devoir être établies dans les principes exacts de la mutualité des anciens corps d'arts et métiers, donneraient facilement vingt centimes par jour au profit de tous leurs membres participants, sans compter les dons et les legs qui manqueraient pas de pleuvoir, pour ainsi dire, sur des sociétés qui donneraient d'aussi grandes garanties d'apaisèment, de sécurité et de paix sociale.

Ces principes posés, je regarde comme parfaitement inutile de m'étendre sur l'organisation de détail de ces sociétés, sur leurs réunions, leurs bibliothèques, leurs fêtes de familles, leurs gymnastiques, leurs conférences, leurs sociétés chorales, leurs parties de campagne le dimanche, etc., etc. Ce sont des affaires de détail qui se règleront dans ces grandes familles, avec des statuts votés par leurs syndicats, selon les aspirations et les besoins de tous et de chacun, mais je désire surtout recommander, ce qui se fera du reste naturellement, que tous les secours soient portés à domicile par les dames des membres honoraires, comme cela se pratiquait dans les anciennes corporations.

C'est là un rôle sacré qui convient bien à la femme et à la mère de famille; la religion, la morale, le courage, l'esprit de famille et la foi dans l'organisation du travail seront apportés chaque jour par les femmes au foyer des familles des travailleurs, en même temps que les secours auxquels ces dernières ont droit, c'est-à-dire que la charité morale enveloppera et doublera le prix de tous les secours légitimes qui seront donnés à ceux qui en auront besoin.

Il est certain qu'avec vingt centimes par jour et les dons et legs qui seront faits, les sociétés de mutuelle prévoyance que je propose pourront facilement :

1° Soulager et indemniser les malades;
2° Servir des pensions de retraite suffisantes après un temps à déterminer;

3° Aider et encourager les apprentissages des enfants des membres participants;

4° Faire chercher des emplois et du travail aux sociétaires qui en auront besoin, tout en leur donnant une indemnité journalière;

5° Créer une société coopérative de consommation entre tous les sociétaires, laquelle société économiserait 20 pour cent au minimum sur toutes les denrées alimentaires utiles à la consommation journalière de tous les coopérants.

Voilà l'énumération de quelques-uns des bienfaits que donne à pleines mains la mutualité.

En plus, toute cette organisation des caisses de secours et de prévoyance sera la préparation à la réinstallation de ces régiments du travail que l'on appelait les corps d'arts et métiers, et dont tous les membres étaient liés par l'intérêt commun de chacun d'entre eux.

Quand ces associations professionnelles seront établies, avec la liberté et le suffrage universel, elles seront alors le palladium de tous les progrès du peuple dans l'avenir.

En plus, ces sociétés de mutuelles prévoyances établiraient petit à petit un solide lien d'amitié et d'estime basé sur l'intérêt réciproque, entre les patrons et les ouvriers.

LES FAMILLES DU TRAVAIL

La séparation exagérée des pouvoirs et
des intérets est un des principaux éléments
de mort que la Révolution a introduits dans
la société moderne.

SUR L'URGENCE
DE

LA RÉUNION DES INTÉRÊTS ET DES POUVOIRS

dans le Travail et dans la Magistrature

LA RÉUNION DES INTÉRÈTS DU TRAVAIL.

Les hommes qui voient un danger dans la réunion des
chambres syndicales de patrons et d'ouvriers se trom-
pent ; ces hommes-là n'ont pas bien jugé cette question,
ils jugent *à priori* sur les apparences, lesquelles sont absolument trompeuses dans cette manière d'envisager la
question.

A ce sujet, je dirai aux patrons à idées préconçues :

Vous trouvez certainement les ouvriers assez bons
pour traiter avec eux du travail que vous avez à faire ;
comment en cette occasion pouvez-vous donner des raisons plausibles, qui vous autorisent à les repousser,

quand il s'agit de vos intérêts généraux à tous, quand il s'agit de concilier vos deux intérêts opposés, quand il s'agit enfin pour vous de prévenir tous les éléments de discorde qui divisent le travail et les travailleurs depuis plus de trois quarts de siècle?

Je dirai également aux ouvriers à idées arrêtées :

Voyez les ouvriers anglais, ils ont persisté à voir dans les Commissions mixtes un sérieux moyen d'émancipation ; ils avaient raison, et ils sont arrivés à leurs fins.

Étudions ensemble les résultats.

Au Congrès de Birmingham, tenu en 1868, M. Mundella, après avoir exposé ses vues sur la conciliation, a indiqué, comme la conséquence première de l'organisation industrielle, *l'accroissement du bien-être!!*

Un autre bienfait des Conseils mixtes anglais, c'est l'ordre et l'harmonie qui succèdent par ce moyen à l'anarchie et à la discorde, sources trop fécondes de ruine pour tous.

« *J'ai acquis la conviction*, dit M. Mundella, le pacificateur des patrons et des ouvriers de Nottingham, « *que* « *rien ne contribuerait plus à la prospérité de chaque métier,* « *rien ne développerait mieux les sentiments de bienveillance* « *entre les classes, que l'existence d'un Conseil mixte, qui se* « *rait ainsi, pour chaque profession, un véritable corps repré* « *sentatif, législatif et judiciaire.* »

M. Hall a dit aussi à ce sujet :

« *Les Conseils de conciliation, bien que fort précieux, ne* « *sont néanmoins qu'un jalon qui conduit à l'établissement* « *des Sociétés en participation.* »

Je me propose de développer cette manière de voir dans un chapitre spécial, mais je tiens à dire de suite que les grandes Sociétés en participation, que l'avenir nous promet par les réunions des Chambres syndicales des patrons et ouvriers, développeront considérablement toutes nos industries nationales et augmenteront partout les bénéfices des patrons, tout en élargissant sur une grande échelle le bien-être et l'instruction de toutes les familles d'ouvriers.

M. J.-M. Ludlow, un éminent coopérateur anglais, a dit, à propos des Commissions mixtes :

« *Les tarifs et les règlements adoptés en commun par les* « *patrons et les ouvriers, me paraissent les phénomènes les plus* « *favorables qui se puissent produire dans la sphère indus-* « *trielle.* »

Enfin, pour terminer mes citations sur les Commissions mixtes que je pourrais continuer encore, je viens présenter l'opinion de l'auteur d'un écrit qui a produit un grand effet en Angleterre et même en France.

On lit dans *les Associations ouvrières en Angleterre :*

« *Lorsque maîtres et ouvriers se trouvent assis, sans ordre,* « *sans distinction, autour d'une même table, pour discuter* « *leurs intérêts respectifs, dans une industrie qui les fait* « *vivre les uns et les autres, ils ne tardent pas à s'apercevoir* « *que ces intérêts sont solidaires.* »

Oui, les intérêts des ouvriers, ainsi que ceux des patrons, sont complétement et absolument solidaires.

La véritable égalité devant les lois ne peut venir que de la conciliation des intérêts opposés, c'est-à-dire de ceux de tous les membres de la famille du travail, de laquelle le principe a été anéanti par les hommes de la Révolution, au nom de cette liberté qu'ils détruisaient, car le travailleur laborieux ne sera libre que lorsqu'il sera devenu indépendant par le travail.

La mutualité, de laquelle découle la solidarité, consiste donc à décupler pour le travailleur laborieux les chances d'émancipation, et le seul moyen pratique pour arriver à ce résultat si désirable est l'association des intérêts opposés de toute l'activité nationale.

Mais ce que les ouvriers gagneront immédiatement à être réunis par des Commissions mixtes aux patrons, ce sont les Sociétés mutuelles et les Caisses de prévoyance qui pourront garantir les risques du lendemain à tous les travailleurs laborieux, en élargissant considérablement ce qui se pratiquait dans les anciennes corporations.

Isolés, les ouvriers ne peuvent pas obtenir cet immense résultat social, qui contient à lui seul l'apaisement de toutes les haines et de toutes les luttes, tandis que, quand patrons et ouvriers seront réunis par les Commissions mixtes de leurs Chambres syndicales, ce grand bienfait social pourra être obtenu facilement et de suite (1).

*
* *

L'instruction et l'apprentissage des enfants des ouvriers seront aussi un des résultats immédiats de l'entente des ouvriers et patrons, car l'absence des apprentissages est une des plaies les plus vivaces de la société et des familles de notre époque (2).

Il est aussi bien dans l'intérêt des patrons que dans celui des familles d'ouvriers, qu'un tel état de choses cesse au plus tôt.

Les Chambres syndicales des patrons et ouvriers réunies peuvent facilement former des Caisses pour indemniser les parents qui n'ont pas le moyen de faire apprendre une profession sérieuse à leurs enfants, ces derniers rembourseront petit à petit ces avances, au moyen de leurs livrets.

J'ai expliqué, dans l'article précédent, comment l'ou-

(1) Voir dans le numéro du 24 avril du journal l'*Union nationale du Commerce et de l'Industrie*, un projet pour les Caisses de mutuelles prévoyances à l'usage de tous les travailleurs laborieux.

(2) Voir une étude de cette question, pages 75, 76 et 77, de ma brochure : *La Question sociale* (Dentu, éditeur).

vrier chargé de famille et qui a, par cela même, le plus
grand intérêt à demeurer aux environs de Paris, pourra
devenir propriétaire d'une maison et d'un jardin à lé-
gumes, rien qu'en payant son loyer; j'ai expliqué encore
(ce qui est très-connu du reste) comment l'expérience
avait prouvé que cette opération sera une excellente spéculation pour les Chambres syndicales qui l'accompli-
ront.

Mais quand on ne songerait qu'à la conciliation de tous
les différends qui peuvent naître entre patrons et ouvriers, par les deux intérêts opposés qu'ils représentent
chacun dans le travail, on voit de suite que les Commissions mixtes des Chambres syndicales de patrons et d'ouvriers sont d'une urgence absolue.

Afin de bien expliquer, à mon sens, l'intérêt immédiat
et étroit qui existe à la formation de ces Commissions
mixtes, je crois devoir publier ici une lettre que j'ai
adressée, à ce sujet, à M. le Directeur de l'*Union nationale.*

« Paris, le 27 mars 1875.

« Mon cher Directeur,

« Ayant reçu plusieurs observations verbales et par
« lettres au sujet des Commissions mixtes de patrons et
« d'ouvriers, lesquelles sont destinées en premier lieu,
« à concilier les différends relatifs au prix et à la qualité
« des façons du travail, je prends le parti d'expliquer,
« dans une réponse générale que je vous adresse ci-des-
« sous, les motifs, pour ainsi dire matériels qui me font
« désirer l'établissement général des Commissions
« mixtes.

« En dehors de ces motifs, il me paraît très-désirable
« de voir réunir les deux intérêts du travail, qui parais-

« sent opposés, mais qui sont réellement les mêmes, par
« le besoin évident qu'ils ont à se soutenir mutuelle-
« ment. »

COMMISSIONS MIXTES DES CHAMBRES SYNDICALES DE PATRONS
ET D'OUVRIERS.

La commission mixte de patrons et d'ouvriers est un progrès sur l'institution des Prud'hommes, en ce qu'il n'y a pour les parties aucune perte de temps préjudiciable, et que, en outre, la concialiation est à peu près assurée sans avoir coûté un sou aux parties.

En effet, avec les Prud'hommes, quel qu'en soit, du reste, le nombre, les parties sont tenues de perdre deux demi-journées au moins : celle pour la convocation et celle pour la comparution.

Avec les Commissions mixtes, qui ne sont pas obligées de siéger dans la journée, les parties se présentent les jours de séance après la fin de la journée, devant une des sections de leur profession, et leur différend se concilie séance tenante ou à une prochaine réunion, s'il y a lieu à plus ample instruction, avec un ou deux experts de la corporation, mais lesquels sont toujours délégués par la section des affaires litigieuses en fonction.

Les parties se trouvant devant leurs pairs sont assurées, par cela même, d'être jugées en connaissance de cause, ce qui ne peut avoir lieu avec les Prud'hommes, dont les sections n'ont souvent aucun membre de la même profession des parties, ce qui oblige alors à des renvois ou à des appréciations erronées ; cela entraîne, en outre, à de nouvelles pertes de temps et d'argent. Quelle que soit, du reste, la décision, il y a toujours un mécontent, sinon deux ; en plus, et comme raison

majeure, cela entretient l'inimitié entre le patron et l'ouvrier.

Je laisse de côté la question des charges budgétaires
qui incombent à la Ville pour le fonctionnement des
Conseils de Prud'hommes.

Les Commissions mixtes faisant partie des Chambres
syndicales, qui payent leurs dépenses par cotisations, ne
grèvent en aucune façon le budget ; elles représentent
donc une économie bien entendue à tous les égards.

« UN EXEMPLE : Dans l'industrie des meubles, il y a en-
« viron soixante-dix spécialités différentes, mais il n'y a
« que deux Prud'hommes pour ces soixante-dix spécia-
« lités ; tandis que les Commissions mixtes, dont les ar-
« bitres seront choisis parmi tous les membres des
« Chambres syndicales, pourraient toujours fournir gra-
« tuitement des experts spéciaux pour chaque litige à
« concilier.

« J'espère, mon cher Directeur, avoir suffisamment
« expliqué dans ces quelques mots une partie des rai-
« sons qui me font vivement désirer voir la concorde
« entrer complétement, par les Commissions mixtes,
« dans les relations des patrons et des ouvriers. Dans
« tous les cas, les Prud'hommes resteront toujours le
« tribunal (mais moins nombreux) qui viendra trancher,
« en dernier ressort, tous les différends qui n'auront pas
« pu être conciliés par les Commissions mixtes.

« Veuillez agréer, etc., etc. »

Reprenant ma démonstration, je dis :
Certaines personnes croient à tort que les réunions des
syndics patrons et ouvriers auraient l'inconvénient de
rendre impossibles l'étude et la discussion des intérêts
spécialement relatifs, soit aux patrons, soit aux ouvriers ;

cela est encore une erreur, car de tous temps les Syndicats des familles du travail ne se sont réunis complétement que pour les intérêts communs à tous ; mais ils siégent séparément quand il s'agit des intérêts spéciaux aux patrons ou aux ouvriers.

*
**

Les bienfaits que rendront ces Commissions mixtes, entre les deux intérêts du travail qui paraissent opposés, donnent très-vite l'idée de la grande différence qui existe, pour tout le commerce et l'industrie, de voir des députés spéciaux sortir des rangs des citoyens ayant des professions avec risques, au lieu de continuer à les voir choisir à Paris, dans la profession qui ne donne aucun risque à courir à ceux qui l'ont embrassée ; je veux parler de la profession politique.

En effet, les membres de la profession politique ne risquent ni la faillite, ni les mauvaises créances, ni la dépréciation des marchandises et du travail ; ils ne craignent que le chômage. Mais, chose extraordinaire et qui prouve irréfutablement combien la politique est l'ennemie naturelle du commerce et du travail, il est à remarquer que c'est justement quand la politique est au chômage que les affaires, le travail et les transactions reprennent toute leur vigueur.

Je suis donc certain que lorsqu'à l'exemple de l'Angleterre, tous les travailleurs auront reconnu les immenses bienfaits que donneront de suite les réunions des Chambres syndicales des patrons avec celles des ouvriers par les Commissions mixtes, je suis certain, dis-je, que l'idée, pourtant si simple, de faire représenter à l'Assemblée nationale tous les intérêts du commerce et du travail, *par les intéressés eux-mêmes*, fera son chemin et sera mise bien vite à exécution.

Ainsi que cela se présente naturellement à la pensée, les candidats de l'industrie et du commerce à la députation devront être désignés par moitié dans les deux intérêts opposés du travail, c'est-à-dire moitié patrons et moitié ouvriers et employés, ou, pour mieux dire, moitié producteurs et moitié travailleurs.

De cette façon, les députés de la grande ville de Paris représenteront LA GRANDE COMMISSION MIXTE, qui ira, avec une autorité incontestable, défendre à l'Assemblée nationale les intérêts généraux des travailleurs parisiens de tous les degrés de l'échelle sociale.

Les députés ouvriers soutiendront les intérêts du travail et des travailleurs, parce que ces intérêts sont les leurs, ainsi que ceux de leurs familles, et qu'ils les connaissent, par conséquent, très-bien, tandis que les députés politiques, que les ouvriers ont l'habitude d'envoyer aux Assemblées nationales, ne s'occupent que des intérêts généraux de leur parti, et je n'hésite pas à dire ici que les intérêts généraux des partis politiques sont absolument opposés aux intérêts généraux du travail et des travailleurs, car les intérêts de la politique sont des fabriques de luttes et de révolutions, tandis que les intérêts du travail et du commerce sont des fabriques de paix publique et d'apaisements sociaux.

Nous avons dit autre part que l'anéantissement des droits à l'association et à la conciliation professionnelle, accompli par la physiocratie française en 1776 et en 1791, était un grand procès national qui avait été jugé, mais qui n'avait pas encore été plaidé.

Aussitôt que tous les intérêts du commerce et du travail seront représentés à l'Assemblée nationale par les intéressés eux-mêmes, la première chose que leurs députés se hâteront d'accomplir, ce sera d'interjeter appel du grand jugement de première instance qui a détruit la liberté de discussion de tous les intérêts communs des travailleurs, réunis dans leurs syndicats professionnels.

Je suis convaincu que les représentants du travail demanderont aussi la révision des lois qui permettent aux citoyens de se faire des procès qui durent trois ou quatre années et qui les ruinent très-souvent, ainsi que leurs familles; dans tous les cas, ils demanderont le rétablissement légal des conciliations professionnelles dont l'exercice atténuera de suite la plus grande partie des effets désastreux de la division exagérée par laquelle on a fait de tous les intérêts privés, des ennemis acharnés.

*
* *

Nous allons, pour terminer, étudier la deuxième face complémentaire du sujet de cet article en essayant de prouver que l'ensemble de toutes les lois qui régissent actuellement notre pays ne présentent pas, dans l'application, une solide base sociale pour la nation française.

Chacun sait que toutes les lois s'interprètent de différentes façons, selon les juges, les temps, les circonstances et l'adresse ou le manque d'activité des plaideurs.

Il s'ensuit que toutes les lois qui n'ont pas pour préliminaire les conciliations professionnelles, c'est-à-dire celles qui sont spéciales à chaque litige, deviennent souvent désastreuses pour les plaideurs dans chacune de leurs diverses applications.

Comme principe général, le grand moraliste a dit : *La lettre tue, mais l'esprit vivifie.*

Or, je pose en fait ici que l'application des lois qui n'est pas précédée de l'influence conciliatrice des pairs de tous les intéressés, *c'est la lettre*, tandis que les conciliations professionnelles précédant l'application des lois, *c'est l'esprit.*

En effet, tous les jugements de première instance
sont annulés et réformés par les arrêts de la Cour d'appel, et ce derniers sont souvent cassés à leur tour par la
Cour suprême.

On a vu bien souvent aussi les mêmes faits condamnés par la Cour de Paris et acquittés par les Cours provinciales, c'est-à-dire, par exemple, que ce qui est trouvé
injuste et condamné comme tel à Paris, peut être juste
et acquitté à Douai; eh bien, nous n'hésitons pas à dire
qu'un ensemble de lois qui donne de semblables résultats
est, avant tout, incomplet.

Il s'ensuit que l'ensemble des lois édictées depuis 1791
n'est et ne peut être qu'une base générale du droit
humain, essentiellement sujette à toutes les plus diverses interprétations, selon les faits, les personnes, les
temps, etc.

Les garanties que donne la loi au citoyen n'existent
donc pour ainsi dire pas.

Cette situation fait que les plus riches, les plus adroits
et les plus malins ont à peu près toujours raison des plus
faibles devant la justice.

SUR LA RÉUNION DE TOUS LES POUVOIRS QUI APPARTIENNENT PAR DROIT NATUREL A LA MAGISTRATURE FRANÇAISE.

Je viens de dire, en quelques mots, pourquoi le règne
des lois qui se sont entassées de générations en générations, et dont l'application n'est pas précédée des
conciliations spéciales à chaque procès, représente la
toute-puissance de tous les degrés de l'échelle sociale
physiocratique.

En cet état, il est bien heureux que la magistrature

française soit aussi élevée et aussi honorable qu'elle l'est ;
car la magistrature française a réellement dans la main,
par l'ensemble de nos lois avec lesquelles on peut tout
punir et tout défendre, les moyens de rendre la vie active presque impossible pour tous les travailleurs.

A ce propos, je pense utile d'indiquer ici une pensée
appuyée sur le droit naturel, que je développerai plus
longuement ailleurs ; la voici :

La magistrature française devrait aussi bien représenter la justice extérieure que celle intérieure, et toute la
diplomatie devrait sortir de son sein ; car la diplomatie
n'est en réalité composée que des hauts avocats qui plai-
dent, au nom de la justice internationale, la cause de la
France à l'étranger ; il est donc très-naturel que ce soient
les premiers avocats de la France, devenus magistrats
pour ce motif, qui soient chargés de la défense des intérêts français au dehors.

En effet, je le demande à tous les esprit pratiques :

Que signifie cette justice administrative appelée les
Conseils de préfecture et le Conseil d'État ?

Cela ne représente-t-il pas, au profit des dirigeants,
les anciennes justices seigneuriales ?

De quel droit a-t-on séparé la justice en deux ? ce qui
figure (à l'inverse des intentions sans doute) deux poids
et deux mesures.

Quel est ce droit, si ce n'est celui que se sont arrogé
les Constituants de la Révolution, lesquels ont voulu
avoir la justice des gouvernants et la justice des gouver-
nés ?

C'est-à-dire celui qui a consisté à établir un État spécial et à part dans l'État lui-même.

La profession politique qui représente malheureusement toutes les spécialités, sans que la plupart de ses
membres fassent partie d'aucune, doit, selon nous, faire
ici place aux véritables titulaires des fonctions diplomatiques, lesquels doivent être aussi bien les juriscon-
sultes des intérêts de l'extérieur que ceux de l'intérieur
du pays.

La magistrature française verra ainsi sa grande mission se compléter; alors elle sera véritablement la gar-
dienne de la lettre et de l'esprit des lois, sous la direction
suprême d'un chef de l'État, quel que soit le nom et le
titre qu'on lui donne; c'est-à-dire que le chef de l'État et
la magistrature française doivent représenter complète-
ment, dans son esprit et dans sa vérité, le contrôle de tous
les détails de l'activité nationale.

Il s'ensuit que les commissaires et les préfets du chef
de l'État à l'intérieur, doivent également faire partie de
la troisième section de la *magistrature inamovible* de notre
grand pays.

Il est bon de dire à ce sujet que la Révolution a fait de
tous ses préfets, conseillers d'État et de préfecture, des
agents qui sont naturellement à la discrétion dè ceux qui
peuvent les nommer et les récompenser, ou les révoquer
et punir à volonté.

Les institutions nationales, ainsi élargies, développeront chez tous les citoyens la dignité sociale, l'amour de
la patrie, et reconstitueront ainsi l'esprit public français
qui se perd de plus en plus.

La magistrature française verra alors ses attributions
se compléter comme grand corps de l'État; en plus, cela
lui assurera définitivement le rôle élevé qui lui convient

et qu'elle doit avoir, afin d'être réellement le palladium de toutes les garanties sociales, au point de vue de la légalité, c'est-à-dire de la loi.

Les meilleures raisons possibles peuvent être puisées dans l'histoire, en faveur du principe de la magistrature diplomatique, judiciaire et administrative.

La séparation de ces trois sections naturelles de la justice a été encore dictée aux Constituants de la Révolution, afin de mieux diviser pour régner ; à cet effet, ces Constituants ont établi la plus grande séparation possible dans les grands pouvoirs publics, afin de les avoir mieux dans la main et de leur ôter la plus grande partie de la juste et bienfaisante influence qu'ils doivent avoir dans le pays, relativement à l'élévation de leurs fonctions.

Quand on énonce une vérité naturelle, les preuves abondent pour la démontrer.

Aussitôt que les révolutionnaires ont pu saisir le pouvoir en 1848, ils se sont hâtés d'abolir la dernière garantie qui laisse encore une sérieuse indépendance à la magistrature française, je veux parler de son inamovibilité.

L'important arrangement social qui consiste à restituer les fonctions diplomatiques à la magistrature française, sera obtenu, ainsi que tous les autres, par les députés des intérêts du travail.

Mais, pour cela, il faut que les commerçants et les travailleurs parisiens de tous les rangs de la société se soient rencontrés et donné la main sur le terrain neutre de la conciliation de tous leurs multiples intérêts.

La magistrature diplomatique est une chose tellement naturelle et indispensable au règne des conciliations professionnelles, que nous pensons voir voter d'acclamation son organisation pratique, par tous les députés du commerce et de l'industrie.

COSMOGONIE SOCIALE

Une nation n'est réellement en progrès
que lorsque les intérêts privés et généraux
de tous ses membres ont leurs centres bien
définis.

L'HARMONIE DES INTÉRÊTS HUMAINS.

La trilogie sociale qui est la source et la base de tous
les intérêts terrestres, s'exprime très-logiquement par
une *Unité* toute puissante *en trois Personnes*.

Mais cette trilogie étant visible comme le soleil, il
s'ensuit qu'elle ne peut être un mystère.

Première Personne. Le Père, est le Travail qui a créé,
qui crée et qui créera toujours tout ce qui constitue la
vie universelle.

Son centre collectif d'action est la famille professionnelle.

Deuxième Personne. Le Fils, c'est le Capital, c'est l'épar-
gne, la propriété, le mobilier et la demeure, lesquels,
après avoir été créés par le travail, sont représentés
civilement par le centre administratif de la commune.

Troisième Personne. L'Esprit directeur et répartiteur de

la Société, qui est le symbole de tous les dévouements et de tous les bons sentiments, c'est la famille monogame du sang, qui représente le centre des intérêts privés de tous les citoyens, avec celui du progrès moral et matériel de toute l'humanité.

Les moyens généraux du fonctionnement des trois centres sociaux des intérêts de l'homme civilisé, que je figure ici par les *Trois Personnes d'une Trilogie* active, sont l'union et la mutualité; la solidarité en découle, mais elle n'est pas un de ses éléments constitutifs.

Les trois personnes de la trilogie des intérêts humains qui se formulent ainsi tout naturellement devant les yeux du penseur sérieux, sont évidemment les trois points du triangle égalitaire et mystérieux des philosophies antiques.

En effet, quand les philosophes Esséniens de l'antiquité déclaraient dans leurs réunions que la paix existait sur les trois points du triangle, lequel était l'emblème de leur croyance sociale, il est certain que cela voulait dire que les foyers de la famille du sang avec ceux de la famille du travail de tous leurs adhérents étaient civilement d'accord.

L'idée d'un Père unique et seul créateur, que toutes les religions reconnaissent, implique donc forcément la suprématie de l'intérêt producteur sur tous les autres intérêts sociaux, parce qu'il en est aussi le père, car il les a réellement créés tous.

I

SIMPLE EXEMPLE DE LA PUISSANCE DE LA MUTUALITÉ.

> A l'individualisme qui divise et isole, nous devons opposer partout l'association des intérêts généraux.

Les ingénieurs chargés de l'aménagement des eaux et terrains qui descendent en pente vers leurs rives sont sans cesse préoccupés de donner à ces terrains la solidité voulue pour les empêcher d'être entraînés par les pluies d'orage. Quand ils ne peuvent les boiser ils y font semer du gazon ; ce dernier moyen réussit toujours quand les pentes sont normales et naturelles ; l'herbe, en effet, pénétrant le sol à une certaine profondeur de ses innombrables racines enchevêtrées les unes dans les autres, forme à sa superficie une sorte de cuirasse d'une suffisante résistance ; sur cette égide protectrice glissent des averses même torrentielles, et la terre végétale reste avec ses formes utiles au service de l'homme.

*
* *

Quelle admirable leçon la nature nous donne là !

*
* *

Ces racines ainsi associées au point de vue de leur intérêt général et pouvant, malgré leur ténuité, mais grâce à l'appui mutuel qu'elles se donnent, braver des forces d'une violence destructive, ne nous disent-elles pas assez quelle invincible puissance implique l'idée d'association et combien son ap-

plication aux sociétés humaines nous est conseillée par ce simple fait, en apparence si humble, en réalité si instructif ?

* *

Dans ce gazon comme dans les familles du travail chaque membre, chaque individu, tout en travaillant librement pour lui et pour sa famille, travaille aussi pour l'intérêt commun, et du triomphe général du groupe entier ressort pour chaque associé une part proportionnelle de victoire, de bien-être, de sécurité et, comme conséquence, de véritable liberté!

II

L'ASSOCIATION DES INTÉRÈTS GÉNÉRAUX.

Les tribus des peuples sauvages, les patriarcats de l'antiquité, les familles de travail qui viennent des Egyptiens, des Grecs et des Hébreux, les colléges des métiers du monde romain, les ghildes de la Scandinavie, les corporations des arts et métiers de la nationalité française, les familles professionnelles de la Renaissance italienne, les chambres syndicales du commerce et de l'industrie de notre époque sont toutes des manifestations que la loi d'association a inspirées aux générations par cet axiome qui s'impose à tout ce qui existe : *L'union fait la force*

Les associations professionnelles *légalement organisées* sont les familles sociales de tous les intérêts généraux établis par spécialités.

Les associations du travail ont été, sous les formes les plus diverses, les causes principales, primordiales et fondamentales des progrès de toutes les sociétés humaines en général, ainsi que de la force morale, matérielle et intellectuelle, que la France a pu déployer par la supériorité relative de l'instruction et des habitudes de travail de tous ses enfants, dans les guerres de la République et du premier Empire.

Le progrès indéfini des sociétés qui approchent de l'âge adulte doit donc être établi par la marche lente, mais sûre, du travail et de l'instruction organisés au moyen des familles du travail, dont les trois éléments directeurs sont :

1° LE PRINCIPE SOCIAL;
2° LE PRINCIPE NATUREL D'ASSOCIATION;
3° LE PRINCIPE NATUREL DE GOUVERNEMENT.

III

LE PRINCIPE SOCIAL.

> Il n'est pas de progrès régulier, ni de stabilité possible dans un grand pays, sans une forte organisation sociale.
> Or, la France n'a que l'individualisme et son système de gouvernement, c'est là le secret de sa faiblesse momentanée et de ses révolutions périodiques.

Les sociétés antiques ont péri parce qu'elles n'ont pas su établir et concilier l'égalité des droits avec l'inégalité des positions, des intelligences et des aptitudes.

*
* *

Il en sera malheureusement de même de la société française, si elle ne veut pas résoudre ce problème, qui contient à lui seul la question sociale de tous les peuples vers l'époque de leur passage à l'état adulte.

*
* *

Les sociétés antiques n'ont pas su comprendre les éléments de fortune, de force et de vie contenus dans l'association du travail et de tous les autres intérêts qui en découlent.

*
* *

La société française semble aujourd'hui devoir être plus heureuse, car ayant déjà créé ses industries, consolidé et agrandi sa fortune et sa nationalité avec les associations corporatives depuis Louis IX, leur protecteur éclairé, jusqu'à nos jours, elle paraît, d'après la logique naturelle des choses, devoir établir les familles du travail d'une façon générale et nouvelle, avec les amendements exigés par le temps et l'expérience.

*
* *

La France, si nous pouvons nous exprimer ainsi, rebâtira de cette manière sa maison sur le granit, à la place de celle que lui ont construite sur le sable les constituants de 1791 ; en effet, ces hommes politiques ont créé, avec l'individualisme, LA BATAILLE GÉNÉRALE DE TOUS LES INTÉRÊTS, c'est-à-dire l'état de guerre permanent entre les classes de la société et entre tous les citoyens.

La paix publique définitive et un fonctionnement social

régulier dans toute la France seront la récompense im-
médiate de l'urgente et générale organisation des familles du travail, lesquelles syndiqueront et concilieront
tous les intérêts.

IV

LE PRINCIPE NATUREL D'ASSOCIATION.

Si, dans les traditions orales ou dans les annales de
l'humanité, ou, mieux encore, dans la genèse logique
des choses, il est un fait d'une immémoriale antiquité,
un fait primordial qui apparaît à l'origine de toute
société, qui même par lui seul crée et constitue le groupement primitif de quelques individus, de quelques
familles, puis organise et développe ce groupement,
c'est assurément le besoin instinctif et impérieux de se
protéger plus efficacement en unissant en un faisceau
des forces jusque-là disséminées.

C'est là l'association pure et simple, qui permet à
chacun de ses membres de s'appuyer sur les autres pour
résister plus sûrement à toutes les causes de destruction,
pour augmenter et assurer la sécurité commune, de
laquelle naît la sécurité personnelle.

Avec le temps l'embryon social a grandi, les familles
se sont multipliées, la peuplade s'est formée, la cité
s'est construite, et dès lors d'autres besoins se sont fait
sentir. Ce sont ceux qu'amène forcément et heureusement une civilisation naissante.

Les travaux, les produits des métiers rudimentaires
les plus indispensables donneront satisfaction à ces besoins, simples encore, de tous et de chacun. De là la

formation toute naturelle, toute indiquée, des corporations d'arts et métiers.

Celles-ci se développent avec la société au sein de laquelle elles vivent, travaillent et produisent. Elles s'organisent, elles se donnent des chefs élus par elles. Mais comme la cité et le pays ont des lois, un chef suprême, de quelque titre qu'on le nomme, et qu'après tout ces associations sont composées de citoyens qui doivent obéissance au chef de la nation, qui représente la loi, il arrive partout et toujours que celui-ci s'empare d'elles, les gouverne et les dirige suivant ses vues économiques.

Si ces vues sont sages et bonnes, on voit grandir la richesse et la puissance de ces communautés, c'est-à-dire du peuple, dont elles forment le principal élément et comme la base large et solide.

C'est ce qui passe en France depuis 1260 jusqu'en 1791.

Cette marche ascendante a sans doute des temps d'arrêt, car les passions, les rivalités, les jalousies, les abus qui existaient dans ces grandes et patriotiques familles du travail, tendaient, autant que leurs adversaires systématiques et intéressés, à les amoindrir, à les détruire enfin.

Et puis, il faut le dire, l'idée corporative acceptée avec ses conséquences sociales, aidée, encouragée, développée, universalisée pendant six siècles consécutifs en France, a paru dangereuse et inadmissible aux Constituants de 91, et, chose odieusement singulière, ce sont eux, qu'elle avait instruits et enrichis, qui, au nom de la liberté, ont prononcé sa sentence de mort! Vaine condamnation!

Dès le lendemain les associations dissoutes se reformaient de tous côtés, et il fallait employer la force pour tenir leurs ouvriers désunis et dispersés (1).

(1) Voir dans le *Moniteur universel*, séance de l'Assemblée nationale du mardi 14 juin 1791, le discours de M. Chapelier, contre les corporations qui se reformaient de toutes parts.

Mais la force ne put rien contre l'idée, toujours vivante et féconde. Voici qu'aujourd'hui même elle voit lever de toutes parts les germes qu'elle a semés dans les sillons sociaux labourés par elle.

Après les chambres syndicales de patrons, voici venir les chambres syndicales d'ouvriers et des associations de toutes sortes.

Le mouvement syndical, l'action corporative reviennent sous des noms nouveaux et sont en pleine vigueur, tant le besoin légitime de s'unir, de se grouper, impose à tous sa loi nécessaire.

V

LE PRINCIPE NATUREL DE GOUVERNEMENT.

> Il fait luire son soleil sur les bons et sur les méchants.
> Il fait pleuvoir sur les justes et les injustes.
> C'est-à-dire que le Père de toute chose veille seulement à l'inflexible exécution des lois de la nature, qu'il a créées.

CONTROLE

Dans une société établie d'après les lois universelles, la mission du chef de l'État doit correspondre à celle que l'on assigne généralement au Créateur dans la nature.

*
* *

En effet, la Providence ne règne et ne gouverne que

par les lois qu'elle a imposées à l'ensemble des mondes créés par elle.

*
* *

En effet, tous les êtres terrestres sont absolument libres de gérer ensemble ou séparément, et cela comme ils l'entendent, leurs intérêts généraux ou particuliers, à la seule condition d'obéir aux lois de la nature, lesqu'elles laissent tous leurs enfants de plus en plus libres dans la mesure de leur développement intellectuel.

*
* *

Ainsi, de même que dans la nature où il n'existe aucun rouage gouvernemental intermédiaire entre le Père (*qui gouverne par ses lois*) et l'universalité de ses créatures, aucun autre gouvernement que celui résultant de l'ensemble des associations professionnelles ne doit exister entre le chef de l'État et les populations groupées par spécialités de production et de possession d'après les lois naturelles et les plus vieilles traditions du monde.

*
* *

En un mot, le chef de l'État doit diriger, encourager, récompenser, protéger, mais non administrer; sous son contrôle général, la nation doit administrer elle-même tous ses intérêts en formant, avec ses éléments de travail et de production associés, le gouvernement de tous par tous par l'échelle naturelle des forces et des mérites de chacun.

Cette organisation n'est autre que le PRINCIPE TRADI-TIONNEL DE LA PAIRIE ÉLECTIVE, élargi et appliqué par la

conciliation et la direction mutuelle des intérêts généraux à toutes les spécialités du travail et de la propriété,
ainsi qu'à tous les mouvements de la vie et des relations
sociales.

VI

CONSÉQUENCES ET LOGIQUE.

CONSÉQUENCES

Le progrès doit venir d'en haut, parce que le labou-
reur est celui qui sème pour faire produire la terre.

Par suite, il convient de penser que ce sont les classes
élevées, s'appuyant sur le suffrage universel, qui pren-
dront l'initiative de la réorganisation sociale de la France
par les familles du travail, car cela est d'un intérêt
vital pour elles.

** **

Les leçons de l'histoire nous démontrent que l'organisation officielle du travail, née en 1260 au milieu de populations relativement très-arriérées, a mis environ six
siècles à fonder la France moderne.

** **

L'histoire nous prouve encore que l'abolition de cette
organisation sociale si rationnelle accomplie aveuglé-

ment et complétement, au lieu et place des abus, qui seuls devaient être abolis, a conduit la France d'émeutes en révolutions et de révolutions en émeutes, jusqu'à deux doigts de sa perte totale, et cela en quatre-vingts ans environ.

*
* *

Pour ces motifs, et ceux exprimés plus haut, nous croyons fermement que la France est aujourd'hui éclairée par ses malheurs, il s'ensuit que les temps de sa rénovation sociale, par l'organisation et l'association de tous les intérêts divers de ses populations, sont proches.

LOGIQUE

A un point de vue plus large et plus élevé, nous trouvons encore la preuve que la suite logique de l'organisation traditionnelle du travail est sur le point de s'établir en France, mais avec ses deux clefs de voûte indispensables, c'est-à-dire avec la liberté et le suffrage universel.

Notre époque est heureusement éclairée par toutes les sciences, c'est ce qui a permis aux hommes d'étude de constater que le progrès général de l'humanité est divisé en trois âges ou périodes :

1° La période artistique, ou l'étude initiative de l'esprit des formes et des couleurs ;

2° La période des sciences matérielles, ou celle de l'étude du fond et de la composition de toutes choses ;

3° La période scientifique et morale, ou l'étude de la pensée qui préside à toutes les créations.

PREMIÈRE PÉRIODE

La première période commence pour l'humanité, au sortir de son état sauvage, ou mieux encore à l'état sauvage même, dans lequel l'homme (s'il est alors digne de ce titre) se plaît à orner ses compagnes et lui-même de verroteries, de dents et peaux d'animaux, plumes d'oiseaux, etc., etc.

Plus tard, éprouvant le besoin de se garantir de l'intempérie des climats, et surtout pour cacher sa vie intime, il songe à sa demeure, et pendant de longs siècles il s'attache à lui donner les formes les plus belles et les plus utiles ; plus tard encore, il construit des temples pour les dieux que lui ont suggérés ses besoins, ses passions, ses aspirations ou ses craintes.

****

Cette première période est longue ; car elle dirige et préside à la formation entière du cerveau humain, elle prépare l'homme pour les époques des sciences et le dote de l'amour du beau et du bon, lesquels le conduiront sûrement, avec l'aide de tous les arts et de toutes les sciences, à celui du bien.

L'harmonie des sociétés antiques, avec le paganisme et son phalanstère des divinités de la matière, représente bien le genre de gouvernement qui procède de ce premier âge de l'humanité.

DEUXIÈME PÉRIODE

Les périodes scientifiques du progrès ont été prévues, prédites et commencées par tous les philosophes de l'antiquité (1), mais elles n'ont été véritablement établies en principes réguliers que par le premier moraliste de l'école moderne.

En effet, le grand moraliste a résumé et rectifié dans sa vie, ses paroles et ses paraboles, toute l'économie pratique des philosophies qui l'avaient précédé : il en a distrait les parties erronées et a fondé définitivement, avec le reste, la famille légale et monogame du sang, ainsi que celle du travail.

*
* *

L'imprimerie, cette sublime découverte, est venue couronner la première période scientifique de l'humanité préparée dans les universités professionnelles (2), en facilitant les études et inventions de toutes sortes, de même que la recherche et la vulgarisation de tous les *pourquoi*.

La chimie est venue ensuite expliquer, prouver et agrandir le domaine des sciences matérielles.

Puis la vapeur et les chemins de fer ont aidé bien puissamment à leurs développements complets, en augmentant les relations entre les hommes et en leur faisant entrevoir par cela même qu'un jour, malgré toutes les distances, les peuples se connaîtraient, s'aideraient et s'aimeraient, car ces devoirs représentent l'intérêt le mieux entendu des sociétés et de tous leurs citoyens.

TROISIÈME PÉRIODE

La troisième Période du progrès indéfini, c'est-à-dire

---

(1) Voir, comme exemple, les *Vers dorés* de l'École des Pythagoriciens, par Lysis, philosophe grec, traduction française de Fabre d'Olivet.

(2) *Les corporations d'arts et métiers s'appelaient scientifiquement* LES UNIVERSITÉS PROFESSIONNELLES.

celle des sciences et du sens moral, est aujourd'hui en pleine activité ; bientôt, et cela heureusement, elle gouvernera le monde, que déjà elle éclaire par l'électricité.

Nous l'appelons : la période des sciences MAGNÉTIQUES et FLUIDIQUES, que nous commençons à pratiquer et à connaître.

Le moyen actif et pratique de cette grande et dernière phase du progrès indéfini doit être constitué entre tous les hommes avec la syndication des intérêts généraux par la famille du travail.

Cette période des SCIENCES MAGNÉTIQUES indique aussi à l'homme que sa mission est tout entière dans l'instruction et le travail associés en général, dans un but d'intérêts communs, c'est-à-dire dans une organisation sociale capable de lui faciliter l'accomplissement journalier de son propre progrès et de celui de son prochain.

Paris, 1er mai 1875.

F. Aureau. — Imprimerie de Lagny.

9 782014 455106